AF453891

LE CIEL

OUVERT A TOUS LES HOMMES,

OU

TRAITÉ

THEOLOGIQUE.

par Pierre Cuppé, chanoine régulier, Prieur-Curé de Bois, diocese de Saintes.

M. DCC. LXVIII.

AVANT-PROPOS

A tous les hommes qui sont présentement sur la terre & y seront à l'avenir, salut & benediction en notre Dieu tout puissant & en son fils unique notre Seigneur J. C.

C'Est pour vous tous en général, mes très-honorés freres en J. C. & pour chacun de vous en particulier que j'ai écrit ce petit traité pour vous faire part de la consolationque le pere des miséricordes m'a données en lisant les saintes écritures.

L'opinion vulgaire sur le petit nombre des élus tais depuis plusieurs siécles gémit tous ceux qui connaissent l'importance de l'affaire du salut. Il n'y a personne à qui l'expérience n'ait apris que nous portons en nousmême une nature cottrompue&unpenchant au péché qui nous entráine presque malgré nous vers les choses que notre esprit condamne. Quoique la connaissance de cette corruption soit un bien pour nous elle n'a pas laissé que de jetterdans l'esprit de tous les hommes une fraieur si grande qu'elle les a empeché de rematquer en l'écriture Ste. ce qui devoit les raissurer. Ce traité en dissipant les vaines terreursqui ne sont propresqu'anourrir une crainte servile&conduire les hommes au desespoir, n'a d'autre but que de ranimer nos espérances & nous porter par la certitude connaissance de notre salut à travailler avec courage à multiplier en nous la paix intérieure & la graceque J.C. nous a apporté.

J'ai cherché souvent les moyens d'accorder l'idée que nous avons de la bonté infinie de Dieu avec l'opinion vulgaire du petit nombre de sauvés : cette matiere a fait le sujet de mes plus fréquentes méditations : mais n'ayant trouvêque des impossibilités&rien qui bien examiné me parut raisonnable, je me suis tourné de l'autre côté, & ai formé le plan que je vous presente, qui me paroît une source de consolations pour nous tous en général & pour chacun de nous en particulier. Car qui est l'homme si méchant qui fut faché que tous les hommes fussent sauvés? qui est-ce qui put trouver mauvais que Dieu ayant rendu le feu, l'eau, la terre, l'air & la lumiere communs, le ciel qui est le principal de ses ouvrages, qu'il a fait plus grand que tous les autes ensembles leûr fut également commun. Cela me fait croire que les lecteurs liront ce petit traité avec joie & consolation, & nous fait espérer que les personnes d'érudition se donneront la peine de fortifier cette matiere si dignede leur plume & de corriger ce que je pourrais avoir avancé mal à propos. Je puis protester devant Dieu de la pureté de mes intentions en écrivant ce traité, mais je ne puis m'assurer si l'ignorance ou l'inadvertance ne m'aurait pas fait écarter de mon sujet, c'est pourquoi je me rapporte du tout au jugement de l'eglise, aux décisions de laquelle j'aurai toujours une parfaite soumission & une aveugle obéissance, reconnaissant mes honorés freres, que cette soumission à l'eglise & à son chef visible, est un des plus puissans moiens de profiter de la grace que J. C. nous a mérité. A lui soit gloire & bénediction à jamais & à nous tous sa grace. Ce sont les vœux du plus respectueux de vos freres & de votre très humble & très-obéissant serviteur, &c.

PRECIS DE TOUT CE TRAITE,

*Par lequel on voit qu'il y a une opposition essentielle entre J C.
& Adam, de sorte que J. C. est l'antityppe d'Adam, on le va
voir par l'opposition des propositions suivantes.*

PROPOSITIONS.

ADAM.	JESUS-CHRIST.
1. Tous les hommes excepté un, ont péché en Adam.	1. Tous les hommes excepté un, ont été justifiés.
2. Celui qui n'a point péché en Adam est Jesus-Christ.	2. Celui qui n'a point été justifié en J. C. est l'antechrist.
3. J. C. ne pouvait pécher en Adam, parce que J. C. est la sainteté même & l'homme nouveau.	3. L'antechrist n'a pu être justifié en J.C. parce qu'il est le péché même, le corps du péché est le vieil homme
4. Adam a été pour tous les hommes la source de tous les maux.	4. J. C. a été pour tous les hommes la source de tous les biens.
5. Adam a assujeti les hommes à deux sortes de morts, l'une mystique & l'autre réelle.	5. J.C. a apporté aux hommes 2 sortes de vie, l'une par la grace de rédemption, l'autre par la grace de surabondance.
6. Tous les hommes meurent en Adam d'une mort mystique ou d'imputation, car il ne faut pas disputer ces termes: ils meurent déja même malgré eux, sans qu'ils ayent besoin d'accepter le péché originel, parce qu'il suffit qu'ils l'ayent accepté dans la volonté d'adam leur sindic.	6. Tous les hommes sont justifiés même malgré eux, sans qu'ils ayent besoin d'accepter la grace de redemption, parce qu'il suffit qu'ils l'aient accepté en J. C. leur sindic.
7. Les hommes peuvent se procurer, s'avancer ou se retarder la mort réelle ou corporelle a laquelle ils ont été assujettis par Adam.	7. Les hommes peuvent se procurer ou se refuser une augmentation de gloire eternelle qui est une seconde vie par le bon ou mauvais usage de la grace de surabondance qui est en eux le principe du mérite, une grace inhérante & sanctifiante.
8. La mort mystique en Adam & la mort réelle en chaque personne sont les fruits du péché d'Adam & la source des maux de la nature humaine.	8. La vie pas la grace de redemption & la vie par la grace de surabondance sont la parfaite & entiere justification.
9. Enfin en toutes choses Adam est le typpe.	9. Et J. C. en toutes choses est l'antityppe.

C'est ce que S. Paul nous prouvera dans la suite de cet ouvrage. On demande à ceux qui le liront de suspendre leur jugement jusqu'à ce qu'ils l'aient lu tout entier, parce que ce qu'ils pourront trouver faible en un endroit, ils le trouveront fortifié dans un autre; & de remarquer qu'on n'entend point pointiller sur la rigueur des termes, mais examiner la vérité avec candeur & bonne foi.

Ainsi, par exemple, quand on dit que tous, excepté un, ont péché en Adam, on ne prétend pas ôter à la sainte Vierge la prérogative de son immaculée conception. On prétend seulement qu'elle a eu besoin de la rédemption, en vertu de laquelle elle a été préservée du péché originel; ainsi ce traité n'est que pour les bons esprits qui ne se laissent point posséder par l'esprit de chicane qui trouve à redire à tout.

LE CIEL OUVERT
A TOUS LES HOMMES.
QUESTION THEOLOGIQUE

Si sunt pauci qui salvantur. Luc. Ch. 13. ỳ. 23.
Y a-t-il peu d'hommes sauvés ?

VOici une vérité qui paroîtra évidente à tous ceux qui voudront se donner la peine de l'examiner : c'est que de tous les hommes de l'univers, il n'y en a point qui disent qu'il y ait tant d'hommes damnés que ceux qui font profession de la religion chrétienne. La connoissance de Jesus-Christ Rédempteur du genre humain devroit les porter à tirer des conséquences toutes contraires à celles qu'ils tirent : car voici de quelle maniere un chrétien raisonnera pour répondre à la question ci-dessus touchant le salut des adultes.

Primo : pour être sauvé il faut être instruit & croire les principaux mysteres de la religion. *Sine fide* Hebr. *autem impossibile est placere Deo, credere enim* 11.6. *oportet accedentem ad Deum quia est, & inquirentibus se remunerabor sit.* C'est le langage de S. Paul aux Hébreux, & saint Jacques ajoute : cette foi est morte &inutile, si elle n'est jointe aux bonnes œuvres.

Secundo : pour être sauvé il faut garder les con-

mandemens. *Si vis ad vitam ingredi, serva manda-*
ta. C'est ainsi que parle Jesus-Christ en S. Mathieu.

Tertio : pour être sauvé il faut aimer Dieu d'un
amour d'apréciation, plus que toutes choses, & son
prochain comme soi-même. *Diliges Dominum &*
proximum tuum sicut te ipsum.

De ces trois principes, un chrétien conclud la
condamnation presque de tous les hommes. Car,
dit-il, servons-nous présentement de la division qu'on
fait ordinairement de l'univers en trente parties égales, dont dix-neuf sont occupées par les payens &
les infideles, six par les mahometans, & cinq par les
chrétiens.

Abrégeons par un tour d'algebre ces idées trop é-
tendues, & réduisons-les à trente personnes au lieu
de trente parties de l'univers.

Voilà dix-neuf payens & six mahometans qui ne
croient point, & par conséquent de trente personnes en voilà vingt-cinq de perdues. Parmi les cinq
personnes chrétiennes, mettons en une hérétique &
une schismatique, reste pour trois qui font profession de la veritable religion. Or entre ces trois il y
en a bien du moins une qui n'aime pas Dieu de tout
son cœur & une qui n'observe pas ses commandemens ; voilà donc de trente personnes vingt-neuf de
perdues. Il ne reste plus qu'une personne, c'est-à-
dire une trentieme partie de l'univers ; & encore si
l'on examinoit de près cette trentieme personne ou
partie, elle seroit sujette à bien des diminutions ;
car qu'on regarde en particulier les états, les conditions & les différens emplois des hommes, on verra
si on n'a pas bien de la peine à trouver des chrétiens
qui remplissent les préceptes de l'évangile, & qui
vivent parfaitement selon la régle.

On a donc raison de dire que les chrétiens dam-

nent plus de monde que tout le reſte des autres ſec-
tes ; remarquez que je ne dis pas que la religion
chrétienne damne plus d'hommes, mais que des
raiſonnemens des chrétiens on peut conclure qu'à
peine il y a une trentieme partie des hommes
ſauvée.

Cette objection un peu pouſſée embaraſſe ceux-
là même qui ſemblent avoir meilleure opinion de la
bonté & de la miſéricorde de Dieu. L'eſprit ne peut
gouter qu'un Dieu ſi bon ait créé trente hommes pour
en damner vingt neuf & que cependant il ait eû un dé-
ſir ſincere de les ſauver, & que n'aiant point manqué
de moyens pour le faire il s'était ſervi du plus dan-
gereux & du plus incertain qui eſt celui de le laiſſer agir ſelon leur franc arbitre & de leur laiſſer pour
le mal un panchant beaucoup plus grand que pour
le bien & tout cela avec une plaine connoiſſance de
cauſe ayant bien prevu tout le mauvais uſage qu'ils
en feraient.

C'eſt ce qui fait qu'on ne répond ordinairement
à cette objection qu'en diſant avec S. Paul : *O alti-* Rom.
tudo divitiarum. O abîme des recherches de la ſci- 11.-13.
ence & de la ſageſſe de Dieu.

Mais cela aulieu d'éclaircir la difficulté ne fait que
l'embrouiller davantage, & répandre ſur la conduite
de Dieu un air de cruauté qui ne lui convient point,
puiſqu'il eſt un être parfaitement bon, & que ſa miſéricorde ſurpaſſe tout le reſte de ſes avantages. *Mi-*
ſerationes ejus ſuper omnia opera ejus. Rompons Pſalm.
donc ce nœud gordien duquel les hommes cher- 144. 9.
chent inutilement depuis ſi longtems le denouement,
coupons le pour cette ſeule concluſion.

ARTICLE SECOND.

TOus les hommes feront fauvés à l'exception de l'Antéchrift, encore y a-t-il un myftere en ce terme d'antéchrift. Conclufion pleine de confolation pour tous les hommes, fource d'une joye infinie pour tout le genre humain, & le plus puiffant motif qu'on puiffe donner aux hommes d'aimer Dieu fincerement.

Il ne s'agit que de la prouver folidement, & puifque nous ne favons point qu'elle ait été encore établie par aucune perfonne, car ce n'étoit point là la propofition d'Origêne, il lui faut donner des preuves plus anciennes que toute la tradition, car toute l'antiquité s'eft arrêté à ces termes de Saint Paul, *ô altitudo divitiarum* : Prouvons la donc par la feule Ecriture Sainte & par la raifon, mais fuppofons premierement un point de foi qui eft que tous les hommes fans en excepter d'autre que J. C. avoit péché en Adam, le feul péché fuffifoit pour les éloigner à jamais de la vie éternelle. Adam comme findic de tous les hommes pour ce qui regardait le mal moral, agiffait pour toute fa poftérité, ainfi elle devient toute coupable par fon crime & ennemi de Dieu.

Eramus naturâ filii ira, ficut & cæteri, dit S. Paul, fuppofons, 2°. que Dieu touché non feulement de la mifere des hommes comme on le dit ordinairement, mais par fa pure bonté, gratuite miféricorde & defir de fa gloire, feul digne objet de fes actions, a envoyé aux hommes un Rédempteur qui, antityppe d'Adam, a pu pour le bien à l'egard des hommes, ce qu'Adam avoit pû pour le mal : car comme Adam eft le pere des pécheurs,

J. C. est le Pere des justes & d'Adam même en tant que pénitent, Adam source de tout mal & J. C. source de tout bien : ces deux hommes sont les sindics généraux de la nature humaine & de tout le monde entier.

Prouvons présentement notre conclusion par l'Ecriture sainte.

En Saint Matthieu Jesus-Christ, dit *venit filius hominis salvare quod perierat.* Le fils de l'homme est venu sauver ce qui étoit perdu; or tous les hommes étoient perdus par le péché d'Adam, donc J. C. est venu sauver tous les hommes. La premiere proposition est de J. C. en saint Mathieu. La deuxieme de S. Paul aux Ephesiens. *Math. 18. 11*

Eramus naturâ filii iræ, sicut cæteri : la conséquence doit être certaine, car il faut bien remarquer que J. C. ne dit pas qu'il est venu pour offrir aux hommes les moyens de se sauver eux-mêmes, mais qu'ils est venu les sauver. *Ephes. 2. 3.*

Fidelis sermo, dit S. Paul, *& omni acceptione dignus, quod Christus Jesus venit in hunc mundum peccatores salvos facere.* C'est une vérité certaine & digne d'être reçue avec toute sorte de soumission que J. C. est venu en ce monde sauver les pécheurs, donc il est venu pour sauver tous les hommes. Faites ici la même remarque que ci dessus; en S. Jean il est dit, *quia expedit unum hominem mori pro populo.* Il est bon qu'un seul homme meurt pour le peuple. Or cela se doit entendre *pro singulis generum* pour chaque particulier qui compose le genre humain. Car S. Paul dit formellement que J. C. a été livré pour nous tous, *pro nobis omnibus tradidit illum,* en sorte qu'on peut dire que J. C. est mort pour chaque particulier comme s'il étoit mort pour ce particulier tout seul. Or qui peut dou- *Thim. 1. 1. 15.* *Jean. 18. 14.* *Rom. 8. 32.*

ter que si J. C. fut venu sur terre pour un seul particulier, & fut mort pour lui, ce particulier ne fut sauvé; parce qu'il seroit vrai de dire que ce particulier auroit fait pénitence en J. C. qu'il auroit jeûné souffert, été flagellé, couronné d'épines & mort sur une croix en J. C. Or il n'y a pas un homme de qui cela ne se puisse dire.

C'est ce qui fait que S. Paul écrivant aux Romains conclut de cette sorte son raisonnement, *nihil ergo nunc damnationis est iis qui sunt in Christo Jesu, qui non secundum carnem ambulant.* Il n'y a donc présentement aucune damnation pour ceux qui sont en J. C. & qui ne vivent pas selon la chair; ne pas vivre selon la chair & être en Jesus Christ, C'est la même chose; c'est-à-dire, qu'en tant qu'ils sont en J. C. ils ne vivent point selon la chair, car vivant selon la chair on est en Adam, c'est ce qui fait que le corps peut être mort par le péché d'Adam, & l'esprit vivant par la grace en J. C. comme le dit S. Paul dans le même chapitre. *Si autem Christus in nobis est corpus quidem mortuum est propter peccatum, spiritus vero vivit propter justificationem.*

Remarquez seulement en ces paroles que la mort du corps pour le péché n'entraine point nécessairement la mort de l'esprit.

Et qu'on ne croie pas éluder la force de ces préuves en disant que J. C. est venu, a été livré & est mort pour tous, quant à la suffisance de la rédemption, mais non pas quant à l'efficacité & à l'application de cette rédemption, car il n'y a qu'à lire avec attention ce que dit l'Apôtre S. Paul dans l'épitre aux Romains Chapitre 5e. depuis le 6e. Verset jusqu'à la fin du chapitre, où il fait voir que toute la nature reçoit plus de bien de J. C. qu'elle n'auroit

reçu du mal d'Adam. Or tous les particuliers de la nature humaine avoient réellement & de fait été tachés
& rendus coupables en Adam. Donc ils doivent être
réellement & de fait sanctifiés en J. C. Le péché
d'Adam a été une véritable source de mort pour
tous les hommes, source qui a produit un venin
qui a eu son effet, en rendant les hommes coupables ; la mort de J. C. doit donc être une véritable
source de vie pour tous les hommes sans en excepter un, & cette vie doit avoir son effet qui est la
gloire éternelle, pas un homme ne s'est échappé
de la corruption d'Adam, pas un homme ne doit
aussi être privé de la sanctification en J. C.

Jesus-Christ est venu détruire le mal qu'avait fait
Adam par son péché, & il l'a fait d'une maniere
si parfaite, dit l'Apôtre, que nous trouvons de plus
grands avantages en cette grace de J. C. que ceux
que nous avons perdus par le péché d'Adam, &
par conséquent nous ne devons plus craindre la
damnation principale suite de ce péché : puisqu'il a
été pleinement reparé, & que nos droits sont plus
grands qu'ils n'étaient avant le péché d'Adam. Or
sans le péché d'Adam pas un Homme n'aurait été
damné, parce que la défence de manger du fruit de
l'arbre de science ne regardait personellement qu'A-
dam, donc par la grace de rédemption ils doivent
être tous sauvés, & avoir plus de gloire qu'ils n'eussent eu, si Adam n'eut pas péché.

Adam a fait à la postérité tout le mal qu'il
pouvait lui faire, Dieu a fait aux hommes en leur
donnant J. C, plus de bien qu'ils n'en pouvaient espérer. *Nec in cor hominis ascendit.*

Ubi Abundavit delictum super abundavit gratia. Corin.
Voilà ce que S. Paul s'attache à prouver par l'oppo- 1. 2. 9.
sition continuelle qu'il établit entre le péché d'A-

dam & la rédemption de J. C. Maicopions ici toutes ses paroles, tirons en des conséquences, & y
mettons quelques notes.

ARTICLE TROISIEME.

*Application du 5e. Chap. de l'Epitre aux Romains
à la présente hypothese.*

V. 6. *UT quid enim Christus, cum adhuc infirmi*
essemus, secundum tempus pro impiis mor-
tuus est ? Commendat autem charitatem suam
V. 8. *Deus in nobis : quoniam cum adhuc peccatores*
essemus secundum tempus Christus pro nobis mor-
V. 9. *tuus est : multò igitur magis nunc justificati in*
sanguine ipsius, salvi erimus ab ira per ipsum.

Si enim cùm inimici essemus, reconciliati sumus
Deo per mortem filii ejus multò magis reconcilia-
ti, salvi erimus in vita ipsius. C'est à-dire, pourquoi est-ce que J. C. aurait pris le tems destiné
de Dieu pour mourir pour nous qui étions des
impies encore dans la foiblesse du péché ? Mais
Dieu fait éclater par là la grandeur de sa charité
pour nous, puisque dans le tems même que nous
étions encore pécheurs. J. C. est mort pour nous
maintenant donc que nous sommes justifiés dans son
sang nous serons plutôt preservés de la colere de Dieu
par J. C. car si lorsque nous étions ennemis de
Dieu nous avons été réconciliés avec Dieu par la
mort de son fils, à plus forte raison étant presentement
remis en grace, nous seront sauvés par ce même fils
qui est vivant. Peut on dire que dans ces paroles, saint
Paul ne parle que des Elus, il faudroit pour cela
forcer absolument le sens de l'Ecriture, car il parle
visiblement des pecheurs & des impies pour lesquel

J. C. eft mort, & comme généralement tous les hommes étaient pécheurs en adam fans en excepter un, en forte qu'il n'y en a pas un qui ne doive être mis à l'abri de la colere de Dieu par ce fils qui l'a réconcilié à fon Dieu par fa mort ; mais, dit on, cette réconciliation a befoin d'être appliquée de la même maniere que le péché d'Adam a été appliqué. Les hommes n'ont point eu befoin de confentir perfonellement à ce péché pour en fentir les effets ; ils fe font trouvés malgré eux enveloppés dans cette corruption par l'imputation que Dieu en a faite à tout le genre humain. C'eft ainfi que tous les hommes fe font trouvés pécheurs fans que leur liberté y ait coopéré en aucune maniere ; ils n'ont accepté ce péché que dans la volonté d'Adam qui étoit leur findic, & pour cela feul ils ont été juftement déclarés criminels. Pourquoi auraient-ils befoin d'agir pour être juftifiés en J. C. Pourquoi cette rédemption ne leur fera-t'elle pas appliquée même fans qu'ils y penfent, eft-ce que J. C. n'a pas autant de pouvoir pour fauver tous les hommes, fans en excepter un, qu'Adam en a eu pour les perdre : fi Adam n'avait point péché, tous les hommes auraient été fauvés, car il n'y aurait pas eu en eux une femence du péché d'Adam : or par la reconciliation que J. C. a faite des hommes avec fon pere, les hommes n'ont ils pas été remis dans les droits où ils étaient avant le péché d'Adam. Ce péché & toutes fes fuites doivent être fensées comme non avenues, & cela d'autant plus que nos droits à préfent font plus grands qu'ils n'étoient avant le péché d'Adam ; car S. Paul ajoute. *Sed & gloriam in Deo per Dominum noftrum Jefum Chriftum per quem nunc reconciliationem accepimus : propterea ficut per unum hominem peccatum mors, & ita in omnes*

v. 12. *homines mors pertransiit, in quo omnes peccaverunt.*
v. 13. *usque ad legem enim peccatum erat in mundo, peccatum autem non imputabatur, cum lex non esset; sed regnavit mors ab Adam usque ad moysen etiam*
v. 14. *in eos qui non peccaverunt in similitudinem prævaricationis Adæ, qui est forma futuri.*

C'est-à-dire, mais de plus nous nous glorifions même en Dieu par notre Seigneur j. C. par qui nous avons obtenu maintenant la reconciliation, car il en est d'elle comme du péché qui est entré dans le monde par un seul homme dans lequel tous ont péché, & par le péché la mort est entrée, & est ainsi passée à tous les hommes, car jusqu'à la loi le péché étoit dans le monde, quoiqu'il ne fut pas imputé n'y ayant point de loy, & depuis Adam jusqu'à Moyse, la mort a regné même sur ceux qui n'avaient pas péché en désobeissant à la loy comme Adam qui était la figure de celui qui devait venir. Par ces paroles de S. Paul, on voit premierement que nos avantages après la rédemption sont plus grands qu'ils n'étaient avant le péché d'Adam; car avant le péché, nous n'avions pas un Dieu pour frere, nous n'étions pas les enfans adoptifs du tout-puissant, mais à présent *gloriam in Deo.*

R. 5.
v. 11.

2º. On voit que l'application de la réconcillation se fait de la même maniere que s'est faite l'application du péché d'Adam, car dit-il, il en est d'elle comme du péché qui est entré dans le monde par un seul homme, & par le péché la mort est entrée & est ainsi passée à tous les hommes. Ne veut-il pas que nous concluons de la que comme le péché d'adam a infecté réellement tous les hommes & quils ont été tous indifferemment sujets à une mort réelle, ainsi ils sernt tous indifferemment justifiés par la grace de rédemption & glorifiés par la vie éternelle, &

que comme la mort réelle s'est fait sentir depuis A-
dam jusqu'à Moyse inclusivement, c'est-à-dire jusqu'à
J. C. à ceux même qui n'avaient point commis
de péché actuel comme Adam, mais seulement parce que leur volonté avait été renfermée en celle
d'Adam, ainsi la grace de redemption doit se faire
sentir d'une maniere réelle non seulement à ceux
dont la volonté se trouve conforme à celle de J. C.
comme sindic des hommes pour la justification,
mais encore à tous ceux qui ont eu la malice de
pécher comme Adam par le péché actuel, & c'est
en cela que l'application de la rédemption prévaut à
l'imputation du péché, car la rédemption efface
non seulement le péché que nous tenons d'Adam,
mais encore toutes les suites de ce péché qui sont
péchés innombrables. C'est ce qui fait que S. Paul
ajoute encore : *sed non sicut delictum, ita & do-* R. 5.
num, si enim virtus delicto multi mortui sunt : mul- V. 1.
to magis gratia Dei & donum in gratia unius ho- V. 16.
minis Jesu Christi in plures abundavit; & non si-
cut per unum peccatum ita & donum; nam judi-
cium quidem ex uno in condemnationem : gratia
autem ex multis delictis in justificationem. Si enim V. 17.
unius delicto mors regnavit per unum ; multo ma-
gis abundantiam gratiæ, & donationis, & justitiæ
accipientes, in vita regnabunt per unum Jesum
Christum ; igitur sicut per unius delictum in omnes V. 18.
homines in condemnationem : sic & per unius justi-
tiam in omnes homines in justificationem vitæ ; si-
cut enim per inobedientiam unius hominis peccha-
tores constituti sunt, ita & per unius obeditionem
justi constituentur multi.

C'est à dire : toute fois il n'en est pas de la grace
comme du péché, car si par le péché d'un seul plusieurs sont morts, la misericorde & le don de Dieu

s'eſt répandu beaucoup plus abondament ſurpluſieurs par la grace d'un ſeul homme qui eſt J. C. & il n'en eſt pas du don de Dieu comme du péché qui eſt venu d'un ſeul homme car au lieu que nous a-vons été condamnés par le jugement de Dieu à cauſe d'un ſeul péché, nous ſommes juſtifiés par la grace après pluſieurs péchés , qui, ſi par un ſeul homme un péché a fait regner la mort , à plus for-te raiſon, ceux ſur qui la grace, le don & la juſtice ſont répandus avec profuſion regneront dans la vie par un ſeul homme qui eſt J. C. comme donc par le péché d'un ſeul , la condamnation eſt tombée ſur tous les hommes , ainſi la juſtice d'un ſeul communique à tous les hommes la juſtice de la vie, car comme pluſieurs ont été faits péchéurs par la déſobéïſſance d'un ſeul homme, ainſi par l'obéïſſance d'un ſeul pluſieurs ſeront rendus juſtes.

Que peut-on demander de plus clair que ces paroles de S. Paul , & quand cet Apôtre paroî-trait aujourd'hui, & qu'il voudrait ſoutenir la con-cluſion que j'entreprends de prouver, pourraît-il ſe ſervir de termes plus clairs que ceux que je viens de copier de ſon épitre, & ne ſommes-nous point inexcuſables de ne l'avoir pas entendu juſqu'à préſent puiſqu'il parle ſi clairement.

Il faut remarquer dans ces dernieres paroles de S. Paul que la mort de pluſieurs aux 15e. & 19e. Verſets ſignifie tous comme S. Paul s'en explique lni-même au ⅴ. 19 , c'eſt comme s'il y avoit *que tous ayant été faits pécheurs par Adam, tous ont étejuſtifiés par J.C.* & comme dans la derniere propo-ſition on ne peut point l'entendre *de generibus ſingu-lorum ;* de quelques particuliers de chaque état des hommes, mais *de ſingulis generum,* c'eſt-à-dire , de tous les pécheurs qui compoſent tous les états des hommes, il en eſt auſſi de même dans la derniere, elle doit s'entendre de tous les particuliers qui compoſent tout le genre humain.

Si quelqu'eſprit entêté s'obſtinait encore nonobſtant l'évidence de toutes ces preuves à ſoutenir qu'il ſuffit que la rédemption & la juſtification ſoient offertes à tous les hommes, & que *Dieu* leur ait donné les moyens d'en profiter s'ils le veulent, ſans qu'ils ſoit beſoin qu'ils ayent l'effet réel de cette Rédemption qui eſt la vie éternelle, qu'il apprenne dans ces dernieres paroles de S. Paul que je vais écrire que cet Apôtrs ne ſe borne pas à un offre de juſtification qui eſt la vie éternelle, car il dit : *lex* *autem ſubintravit ut ubundaret aeliſtum, ubi autem abundavit deliſtum, ſuperabundavit gratia, ut ſicut regnavit peccatum in vitam æternam per Jeſum Chriſtum.* Rom. 5. ⅴ. 20. ⅴ. 21.

C'eſt à-dire, or la loy eſt ſurvenue pour donner lieu à la multiplication des péchés, mais où il y a eu une ſurabondance de péchés, là il y a eu une ſurabondance de grace, afin que comme le péché avoit regné nous livrant à la mort, ainſi la grace regnant par la juſtice nous menant à la vie éternelle par J. C. notre Seigneur. Remarquez donc ici que ce mot de *grace* ſignifie *rédemption*, car c'eſt d'elle que S. Paul traite dans tout ce chapitre en l'oppoſant toujours au péché d'Adam, & lui faiſant arracher l'homme des mains du péché pour le mettre en la voie éternelle, & c'eſt ce qui l'oblige de dire au chapitre 15 de la premiere épitre aux Corinthiens ⅴ. 22. où il oppoſe encore J. C. à Adam, ainſi tous vivront en J. C. *& ſicut in Adam omnes moriuntur, ita & in Chriſto omnes vivificabuntur,* pas un n'a échappé à la mort, pas un ne ſera privé de la vie dans la gloire.

Faut-il encore joindre à cela que J. C. en Saint Luc dit, qu'il n'est pas venu pour perdre les ames, mais pour le sauver, *non venit animas perdre sed salvare.*

Qu'en S. Mathieu il dit, ce n'est pas la volonté de votre Pere qui est dans le ciel qu'un seul de ces petits se perde ; *non est voluntas ante patrem vestrum, qui in cœlis est, ut pereat unus ex pusillis istis*; il dit en S. Jean qu'il est venu pour sauver le monde, le pourrait-il dire dans ces termes si généraux, s'il n'y avait qu'une trentieme partie des hommes sauvés, & S. Paul avait-il raison de dire que la grace surabonde, ne seroit-ce pas le péché qui auroit surabondé & aurait étouffé la grace dans la plus grande partie des hommes.

Mais toutes ces expressions se trouvent fort naturelles quand on les prends sur le pied de l'hypothese que j'établis ; on comprend aisément comment Dieu a pu faire dire à son peuple par Isaye. *Loquimini ad cor Jerusalem & advocate eam : quoniam completa est malitia ejus, demissa est iniquitas illius suscepit de manu Domini duplicia pro omnibus peccatis suis.*

En effet, la grandeur des péchés de Jérusalem, c'est-à-dire du genre humain n'a point empêché que Dieu ne lui fit grace, & ne la comblât de bienfaits, quoiqu'elle fut toute pleine de désordres, mais c'est qu'elle a été chatiée. J. C. qui a souffert mille fois plus qu'il ne fallait pour expier tous les péchés possibles, & lui mériter, c'est de quoi il l'a fait assurer par le Prophête Zophonie. *Ecce ego,* dit le Seigneur, *interficiam omnes, qui afflixerunt te in tempore illo : & salvabo claudicantem ; & eam quæ ejecta fuerat, congregabo ; & ponam*

eos in laudem, & in nomen, in omnis terra con-
fusionis eorum.

Le Seigneur en cet endroit parle à la nature humaine & lui dit, que quand le Rédempteur sera venu, il détruira tous les péchés qui la faisoient gémir, qu'il sauvera ce peuple chancelant tantôt dans le bien, tantôt dans le mal, qu'il le rappellera à lui, & que dans les lieux mêmes où il était méprisable, il le rendra digne de louange & de réputation, mais en voila assez pour ce qui regarde l'autorité, prouvons présentement la même conclusion par la raison.

ARTICLE QUATRIEME.

Ladite raison nous enseignera que Dieu sauvera
généralement tous les hommes.

SI Dieu ne sauve pas tous les hommes sans en excepter un, cela ne peut provenir que de ce qu'il ne le veut pas, ou que les hommes en sont indignes.

Cette analyse paraît complette, & il ne paraît pas possible d'y ajouter aucun nombre.

Dire que Dieu ne veut pas sauver les hommes, c'est aller contre un point de foi. Car S. Paul en la première épitre à Thimothée Chap. 2. après avoir dit qu'il faut prier pour tous. *Hoc enim bo-* v. 3.
num est acceptum coram salvatore nostro Deo, qui & 4.
omnes homines vult salvos fieri, & ad agnitio-
nem veritatis venire. Car cela est bon & agréable à Dieu. Notre Sauveur, qui veut que tous les

hommes ſoient ſauvés, & qu'ils viennent à la connoiſſance de la vérité; & au 6e. ℣. il dit, *Chriſtus Jeſus: qui dedit redemptionem ſemetipſum pro omnibus*, qui s'eſt livré lui-même pour le prix de la rédemption de tous. Dieu veut donc certainement que tous les hommes ſoient ſauvés. Et J. C. s'eſt livré pour le ſalut de tous: notez toujours que cela doit s'entendre, *pro ſingulis generum*, pour tous les particuliers qui compoſent le genre humain.

Ainſi ce membre de la disjonction ne ſouffre aucun difficulté.

Le ſecond n'en ſouffre pas non plus, car pour cela il faudrait dire que Dieu n'eſt pas tout puiſſant, ou qu'il eſt ignorant, puiſque voulant, comme il paraît, ſauver tous les hommes, il n'a pu en trouver les moyens.

Or comme tout cela ferait autant de blaſphèmes, il ne s'y faut pas arrêter davantage: il n'y a donc plus que le troiſieme membre de la propoſition dans lequel réſide toute la difficulté à ſavoir que ſi Dieu ne ſauve pas tous les hommes ſans en excepter un, c'eſt qu'il y a des hommes qui ſe ſont rendus indignes du ſalut.

Sur quoi il faut raiſonner de cette ſorte. Quand Dieu conſiderera les hommes par rapport au ſalut, ou il les regarde en Adam ou il les regarde en eux-mêmes, ou il les regarde en J. C. s'il les regarde en Adam, ils ſont déja tous perdus, & ils ont reçu l'arrêt de leur condamnation. *In quocumque enim die comederis ex eo, morte morieris*: car le même jour que tu mangeras de ce fruit tu moureras de mort.

Gen. 2. ℣. 17.

Si Dieu regarde les hommes en eux-mêmes il n'y en a pas à qui Dieu donne une fin ſurnaturelle, pas un depuis Adam qui ne foit condamnable & indigne du falut. *Eramus filii ira ficut & cæteri*, dit S. Paul , nous étions par la nature enfans de colere , aufsi bien que tous les autres. L'homme confidéré en lui même n'eft pas capable de faire une feule action digne du ciel , ainfi ce n'eft pas en confidérant les hommes en eux-mêmes que Dieu trouve les uns dignes du falut & les autres indignes , il faut donc que ce foit en les confidérant en J. C.

Or fi Dieu confidére tous les hommes en J. C. il n'y en a pas un qui ne foit digne du falut, pas un pour qui J. C. n'ait voulu fatisfaire à fon pere, pas un pour qui il n'ait pu fatisfaire ; il n'a manqué ni de pouvoir ni de volonté ; qu'on me dife donc la raifon pour laquelle J. C. n'aurait pas reconcilié les pécheurs en fon pere , qu'on faffe réflexion que J. C. eft venu pour reconcilier non feulement un pécheur , mais tous les pécheurs , tous les particuliers du genre humain : *purgationem peccatorum faciens* , ayant purifié les pécheurs ; il faut donc que chaque pécheur fe reffente & profite de cette reconciliation ; autrement J. C. n'aurait pas parfaitement rempli fon emploi , puifqu'il n'aurait fait qu'une partie de la reconciliation qu'il eft venu faire.

Il compare lui même la grace de fa rédemption à un morceau de levain qu'une femme mit en trois mefures de farine jufqu'à ce que toute la pate foit levée ; or comme dans une pate bien levée il n'y a pas une petite particule de cette pate qui ne fe fente du levain , ainfi dans toute la maffe du genre humain il n'y a pas un particulier qui ne profite de la grace de rédemption , qui eft ce levain , c'eft ce que S. Paul veut nous enfeigner écrivant aux Ephéfiens , *cum effemus mortui peccatis, convivificavit nos in Chrifto (cujus gratia eftis falvati)*

V. 6. *conresuscitavit & consedere fecit in cœlestibus in*
V. 7. *Christo Jesu : ut ostenderet in sæculis supervenien-*
tibus abundantes divitias gratiæ suæ in bonitate
V. 8. *super nos in Christo Jesu ; gratiâ enim estis salva-*
ti per fidem , & hoc non ex vobis : Dei enim
V. 9. *donum est ; non ex operibus, ut nequis glorietur*
ipsius sumus factura creati in Christo Jesu in operi-
bus bonis , quæ præparavit Deus ut in illis am-
V. 10. *bulemus.* C'est à-dire , lors même que nous étions
morts pour nos crimes, nous a fait revivre en J. C. par
la grace duquel vous avez été sauvés, & il nous a res-
su cités avec J. C. & en lui ; il nous a fait asseoir
au-dessus des cieux, afin de faire paroître aux siecles
à venir la magnificence des richesses de sa grace par la bonté qu'il a eu pour nous en J. C. Car c'est
la grace qui nous a sauvés par la foi, & cela ne vient
point de nous, mais c'est un don de Dieu, ce n'est
pas par vos œuvres afin que personne ne se glorifie,
car nous sommes l'ouvrage de Dieu étant créés en J.
C. dans les bonnes œuvres que Dieu a préparées ,
afin que nous nous occupions à les faire.

Saint Paul, au nom de tous les hommes, parle
la de l'ouvrage du salut, comme d'une chose déja
consomée ; il fait voir que Dieu ne regarde tous
les hommes qu'en J. C. par la grace duquel il les
fait revivre & dans lequel il les fait triompher dans
le ciel, non point à cause des œuvres qu'il trouve en
eux, de peur que quelqu'un ne se glorifie , mais à
cause des bontés qu'il a pour J. C. dans lequel il nous
regarde, & les bonnes œuvres duquel il nous applique, parce qu'il nous a créés en lui , il avertit en
même tems que cette grace & convivification en J.
Eph. 2. C. est un don de Dieu, *Dei enim donum est*, & il
V. 9. avoit dit aux Romains, *sine pœnitentia enim sunt*
Ch. 11. *dona & vocatio Dei*, c'est-à dire , que Dieu ne se
V. 29.

répent jamais de ses dons, ainsi le don de Dieu subsiste toujours; car le don de Dieu subsiste tant que Dieu a la volonté de donner; or comme il ne se répent jamais, ou comme il ne révoque jamais cette volonté de donner, elle subsiste toujours & le don aussi: ce qui s'entend du don absolu que Dieu fait de son propre mouvement sans aucune condition, tel qu'est celui de la .... & de la rédemption, c'est ce qui fait que les docteurs appellent les dons *impœnitentibilia & immutabilia ita ut eorum nec debeat, nec velit. nec possit eum pœnitere*, dons immuables desquels Dieu ne doit ni veut, ni ne peut se répentir, c'est ainsi que par ce ...... sur les paroles de S. Paul d'où l'on peut former ce raisonnement.

Si la convivification de Pierre en J. C. subsiste toujours, Pierre doit être sauvé, or cette conviv. fication subsiste toujours; donc Pierre doit être sauvé.

La premiere proposition est certaine, car il ne peut y avoir aucune raison de damner une personne animée de l'esprit de J. C. & vivante en J. C. il faut donc prouver la seconde proposition.

Ce qui est un don de Dieu & sans condition subsiste toujours.

Or la convivification de Pierre en J. C. est un don de Dieu pur & absolu & sans condition; donc la convivification de Pierre subsiste toujours.

La premiere proposition est certaine, car autrement comment pourroit-on dire que les dons de Dieu sont immuables, & qu'il ne se répent point, car dire qu'ils sont immuables du côté de Dieu & non pas du côté de celui qui les reçoit, c'est visiblement se jouer des termes; car les dons de Dieu sont les choses que Dieu donne, c'est-à-dire, cette convivification en J. C. qui ne se change point, il n'y a que Dieu qui la peut changer, puisqu'elle est ab-

folue & fans condition ; or il ne veut pas la changer, puifqu'il ne fe répent point de fes dons ; & il
ne peut avoir raifon de s'en répentir, parce que ne
regardant Pierre juftifié que dans fon Chrift, il le
voit toujours digne de fes dons , tout comme quand
il le regardait en Adam il le voiait digne de fa haine.

La feconde propofition n'eft pas moins certaine,
qu'elle eft extraite des termes de S. Paul qui montre
que le don de la convivification de Pierre en J. C. eft
un don abfolu & l'effet du bon plaifir de Dieu qui
n'a été meu que par fa grande charité, & le plaifir
de montrer les richeffes de fa grace , fans aucun
égard aux œuvres.

Ainfi la conféquence eft véritable & la propofition prouvée, laquelle peut être appliquée à tous les
hommes en particulier, excepté à l'antechrift. *Hic fa-*
pientia eft. C'eft ici qu'il y a de la fageffe.

Apoc.
13.
v. 8.

ARTICLE CINQUIEME.

Suite des preuves par la raifon.

LA bonté & la miféricorde de Dieu font infinies :
fi on pouvait fe figurer une bonté & une miféricorde plus grande que celle de Dieu, celle de Dieu
ne feroit pas infinie , car ce qu'on fuppoferait de
plus en celle qu'on fe figurerait, ferait la borne &
la bonté de Dieu, ainfi l'idée que nous avons d'une
bonté infinie, veut que nous ne puiffions en imagi-
ner une plus grande.

Or fi Dieu ne pardonnait qu'à un certain nombre des hommes, il ferait aifé de fe figurer une bonté plus grande que la fienne, car celui qui pardon-
nerait à tous fans difficulté, fe communiquerait da-

vantage, & ferait voir une plus grande bonté, d'où il faut conclure, ou que Dieu n'a pas une bonté infinie, ou que si elle est infinie, comme on n'en peut douter, il faut qu'il pardonne à tous les hommes sans en excepter un.

On croira peut-être éviter la force de ce raisonnement en faisant une retorsion à l'égard de la justice infinie, qu'une justice infinie ne doit rien pardonner, car autrement on pourrait s'en figurer une plus grande, & qui serait sans aucun mêlange de miséricorde, ainsi on concluera que comme tout homme est pécheur, Dieu devrait damner tous les hommes: mais cela prouve trop, & par conséquent ne prouve rien. Il y a là un paralogisme, la conséquence est mal tirée, car elle n'est point dans les premieres propositions. Pour que cette conséquence fut bonne, il faudrait avoir montré qu'il n'y a que la damnation des hommes qui puisse satisfaire à la justice de Dieu, c'est ce qu'on ne saurait faire voir, parce que cela est faux & même contre la foi. On ne peut donc tirer de ce raisonnement que cette conséquence, si donc la justice de Dieu ne doit rien pardonner; or comme cette conséquence est légitime, elle n'est point opposée à celle que nous avons tirée de notre premier raisonnement en ces termes, donc la bonté infinie de Dieu doit tout pardonner, ainsi le raisonnement demeure en toute sa force.

Mais montrons présentement la conciliation de l'exercice de la bonté de Dieu, avec l'exercice de sa justice, & faisons voir comment Dieu pardonne tout sans intéresser sa justice, & comment il punit tout sans intéresser sa bonté; car il est certain que ces deux attributs sont également infinis en Dieu.

Or pour cela, il n'y a qu'à dire qu'il n'y a pas un seul péché des hommes qui n'ait été puni en J. C.

la justice de Dieu a été pleinement satisfaite par
les souffrances de j. C. qui a souffert en rigueur de
justice pour tous les péchés, fussent-ils mille fois plus
grands qu'ils ne sont, on ne peut point se figurer une
justice plus grande que celle qui chatie tout ce qui
ne paye que d'une satisfaction égale à la grandeur
de l'offense ; telle a été la satisfaction de j. C. Ainsi
voila la justice infinie de Dieu qui n'a rien pardonné des péchés des hommes dont elle n'ait reçu une
satisfaction qui lui était proportionnée.

Cherchons présentement l'exercice de la bonté infinie de Dieu sur tous les hommes, & remarquons
qu'un débiteur en payant une dette n'a pas précisément par ce payement de droits sur les biens de son
créancier, ce débiteur ne fait qu'anéantir le droit
que ce créancier avait de le poursuivre au payement,
mais ce créancier n'est pas tenu en rigueur de justice
de faire de nouvelles graces à ce débiteur, la justice ne l'oblige qu'à recevoir la satisfaction & le payement qui lui est dû.

Or voilà précisément l'état où la satisfaction de
j. C. aurait réduit l'affaire du genre humain, si la
bonté infinie de Dieu ne fut intervenue dans l'affaire de la rédemption, pour donner à tous les hommes un droit à la vie éternelle, droit qu'il avait perdu par le péché d'Adam, car Dieu par la satisfaction de J. C. n'aurait été obligé que de mettre les
hommes à couvert de la damnation éternelle à quoi
la justice les aurait condamnés, cette justice étant satisfaite, il ne fallait plus parler de damnation, elle
avait donné l'exemption des peines pour les satisfactions qu'elle avoit reçues, mais cette justice n'a-
vait point donné droit à la vie éternelle, c'est la
bonté qui accorde cette grace ; or afin que cette
grace paroisse l'effet d'une bonté infinie, il faut

qu'elle s'étende aussi loin qu'elle peut aller, car si elle ne s'étendait que sur un certain nombre d'hommes sans se répandre sur tous, il nous serait aisé de concevoir une bonté plus grande, car celle qui donnerait à tous les hommes le droit d'entrer au ciel, serait plus grande que celle qui n'en recevrait qu'une partie, tout comme cette justice qui ne punirait qu'une partie des péchés, serait moindre que celle qui les punirait tous ; il faut donc conclure que l'idée d'une bonté infinie exige que la bonté de Dieu fasse grace universellement à tous les hommes sans en excepter un. Ajoutez à cela que la réconciliation des hommes n'a pas été un moyen pour satisfaire à Dieu, mais que la satisfaction de J. C. a été un moyen pour concilier Dieu avec les hommes, il n'est pas tant venu pour que Dieu fut vangé des hommes, que pour rapprocher les hommes de Dieu, *non enim*, dit S. Jean, *misit Deus filium suum in* Ch. 3. *mundum, ut judicet mundum, sed ut salvetur mun-* V. 17. *dus per ipsum.* Car Dieu n'a pas envoyé son fils dans le monde pour condamner le monde, mais afin que ce monde soit sauvé par lui ; c'est le monde qu'il est venu sauver : or s'il n'y avoit qu'une trentieme partie des hommes sauvée, pourrait-on appeller J. C. Sauveur du monde, ne devrait-on pas plûtôt dire avec les Manichéens que le diable ou le mauvais principe est le Dieu du monde, puisque de trente hommes il y en aurait vingt neuf à sa disposition : & en effet, c'est un reste de manichéisme de croire que le diable puisse ainsi renverser de fond en comble les desseins de Dieu, car on convient que Dieu a eu dessein de sauver tous les hommes. Qu'on dise donc ou qu'ils seront sauvés, ou que Dieu n'a pas trouvé les moyens de les sauver, ou quelque chose de plus fort que lui s'est opposé à ses deſſeins, ou qu'il a créé le genre humain pour le damner, puiſqu'il n'en ſauve qu'une trentieme partie qui n'eſt quaſi rien par rapport au reſte ; mais comme tout cela n'eſt que blaſphêmes excécrables, tenons nous en à la concluſion de S. Paul aux Romains.

Rom. 8. 1. *Nihil ergo nunc damnationis eſt iis, qui ſunt in Chriſto Jeſu.* Il n'y a donc plus maintenant aucune damnation pour ceux qui ſont en J. C. tous ont été rachetés de la mort éternelle.

Cor. 2. 13. 14.
Donans vobis omnia delicta
Delens quod adverſus nos erat
Chyrographum decreti, quod
Erat contrarium nobis. &
Ipſum tulit de medio affigem
illud cruci.

Pardonnant tous nos péchés, il a effacé la cédulle qui était contre nous, l'attachant à la croix ; tous ſont donc rachetés de la mort éternelle : c'eſt pour cela que S. Paul écrivant à Thimothée ire. ép. chap. 4. ℣. 10 dit ces paroles déciſives : *ſperamus in Deum vivum qui eſt ſalvator omnium hominum*; *V. 11.* *maximè fidelium, præcipe & hoc doce* ; nous eſpérons en Dieu vivant, qui eſt le Sauveur de tous les hommes, & principalement des fideles, annoncez ces choſes & enſeignez les.

C'eſt auſſi ce que nous enſeignons en ce traité, car nous diſons après S. Paul que Dieu a reconcilié le monde avec ſoi en J. C. n'imputant plus à l'homme nouveau les péchés du vieil homme. *Deus erat in Chriſto mundum reconcilians ſibi, non reputans illis delicta ipſorum.*

Que peut-on voir de plus clair & de plus déc“if que ce ſyſtême.

Mais de plus, quand une choſe ſe dit indéfiniment, elle s'entend generalement comme lorſque parlant des hommes nous difons par un article du fymbole, *je crois la refurrection de la chair*, c'eft à-dire, que nous croions que tous les hommes fans en excepter un refufciteront. Il doit en être de même lorfque nous difons, *je crois la remiffion des péchés & la vie éternelle.* C'eft à dire, je crois qu'il n'y aura pas un péché qui ne foit pardonné , & pas une ame qui n'ait la vie éternelle.

S. Paul dans la premiere épitre aux Corinthiens parlant de la réfurrection dit ces paroles : *chacun paroîtra en fon rang. J. C. eft reffufcité étant le Prince des morts , enfuite ceux qui font à lui & qui ont cru fon avénement doivent reffufciter , après tout fera fini.* D'où il faut conclure qu'il n'en reffufcitera point d'autres que ceux qui font en J. C. Or comme nous favons d'ailleurs que tous reffufciteront : Il faut donc dire que tous feront en J. C. & par conféquent tous feront fauvés , excepté l'antechrift.

Voyons préfentement ce que c'eft que cet antechrift, & comme il ne peut avoir aucune part au falut des hommes rachetés par J. C.

ARTICLE SIXIEME.

DE L'ANTECHRIST.

L'Antechrift, cet homme de péché, ce fils de perdition qui s'éleve au-deffus de tout ce qui s'appelle Dieu, cet envoyé de fatan pour féduire les élus par les preftiges, s'il lui était poffible, cet homme que J. C. tuera du foufle de fa bouche, cet homme qui combat continuellement contre les faints , & qui a pouvoir de les vaincre, cet homme qui a reçu un pouvoir de toutes les nations, les peuples,

les tributs & les langues, & qui a été adoré de tous ceux qui habitent la terre, n'est & ne peut être que le vieil homme corrompu en Adam & considéré dans un état de précision qui le sépare de la rédemption de J. C. il n'y a absolument que lui à qui conviennent & à qui puissent convenir tous les caracteres que je viens de ramasser de l'écriture S. cet homme de péché est l'objet de l'exécration de Dieu, & c'est sur lui que tombent toutes les malédictions de Dieu rapportées dans la loy, ce n'est point à lui qu'ont été faites les promesses de vie, c'est à l'homme nouveau créé en J. C. C'est le vieil homme qui est l'esprit du monde pour qui J. C. n'a point prié, & qui ne peut avoir part à l'amitié de Dieu, parce que toutes les inclinations de ce vieil homme, sont opposées à celles de Dieu, c'est ce qui fait que S. Paul recommande si souvent aux fideles de se dépouiller des inclinations de ce vieil homme qui les corrompt dans les desirs trompeurs & de se révêtir du nouvel homme qui est créé selon Dieu dans la justice & dans la sainteté de la vérité *Edocti estis.... deponere vos secundum pristinam conversationem veterem hominem, qui corrumpitur secundum desideria erroris, & induite novum hominem qui secundum Deum creatus est justitia & sanctitate veritatis.*

Eph. 4.
V. 21.
22.

V. 24.

Ce vieil homme est cet antechrist que J. C. n'a point reconcilié à son pere, ce vieil homme qui est le véritable diable, qui cherche à nous détruire, c'est lui qui opére le péché en nous, & c'est pour nous guérir des chutes qu'il nous fait faire que J. C. nous a racheté de toutes ces chutes, & reconcilié avec son pere ne nous imputant plus nos péchés.

Cor. 5.
V. 19.

Non reputans illis delicta ipsorum, quoi que cet antechrist ait reçu pouvoir sur toutes les nations &

les peuples, & qu'il ait été adoré de tous ceux qui ^{Apoc.} font fur la terre, S. Jean ne laiffe pas de voir devant ^{7. 9.} le trône de l'agneau une troupe innombrable d'hommes de toutes nations , tributs , peuples & langues, l'antechrift qui les avait fait tomber n'avait donc pas empêché l'effet de la rédemption & de leur convivification en J. C.

C'eft donc cet antechrift qui fera damné pour tous les péchés de tous les hommes, c'eft lui qui avec l'enfer & la mort fera envoyé dans l'étang de feu, *& infernus & mors miffi funt ftagnum ignis.*

Voilà le dénouement d'un myftere de l'antechrift myftere d'iniquité qui s'établiffoit fortement dès le tems de S. Paul, comme il le dit en écrivant aux Theffaloniciens.

Nam myfterium jam operatur iniquitatis. Dé- ^{2. Th.} nouement qui fert pour l'intelligence d'une infinité ^{2. 7.} d'endroits de l'écriture & apporte une merveilleufe confolation à un chrétién l'affurant qu'il peut prendre pour lui toutes les promeffes & affurances de falut que Dieu fait à fon peuple & qu'il peut renvoyer fur le vieil homme, fur cet homme de péché, cet antechrift qu'il connoît préfentement toutes les malédictions & les menaces que Dieu fait au pecheur. Car c'eft cet homme pécheur qui devait un jour fe faire connoître fous la figure du vieil homme. *Et tunc revelabitur ille iniquus,* le voilà donc préfentement ^{2. Th.} connu, voyez l'objection de cet article queftion 4e. ^{V. 8.}

Il faut donc confidérer chaque homme en particulier comme un homme à deux vifages, il eft le vieil homme, le péché opére en lui, & il eft fils d'Adam né de la chair & du fang, & en cette qualité on peut l'appeller l'antechrift, mais auffi il eft l'homme nouveau en tant qu'il eft racheté de J. C. adopté de Dieu, & deftiné à la vie éternelle, homme terreſtre par rapport à Adam & ſujet à la mort & aux autres peines du péché, homme céleſte par rapport à J. C. qui l'a mis en liberté, & l'affranchira après la mort du vieil Adam de toutes les ſuites du péché, voilà comme Dieu hait & aime le pécheur ſous différents rapports, toujours prêt à le punir & à lui faire miſéricorde. *Numquid continebit in ira ſua miſericordias ſuas.*

ARTICLE SEPTIEME.

Expoſition du préſent ſyſtéme pour réſoudre plus facilement toutes les objections.

TOut ce que pourraient dire les Egyptiens, les Caldéens & les Chinois qui par l'étendue qu'ils donnent à leur chronologie, en ſupputant les différentes dinaſties de leurs Rois, prétendent reculer infiniment la naiſſance du monde, ne peut rien faire contre ce traité, car il faut que les uns & les autres conviennent qu'Adam eſt le premier de tous les hommes à qui Dieu ait donné la loi.

Dieu le créa dans l'état d'innocence, & l'établit pour être comme le ſindic, le Procureur général de tous les hommes, en ſorte que s'il demeuroit dans l'obéiſſance, tous les hommes ſeraient innocens, & s'il déſobéiſſait, tous les hommes en lui ſeraient coupables. Dieu lui défendit de manger du fruit de l'arbre de ſcience, ce fut toute la loi qu'il lui donna & plus elle était facile à obſerver, & plus Adam paroiſſait criminel de l'avoir violé, il la viola pourtant, & par le péché s'aſſujettit lui & tout le reſte des hommes à la mort éternelle & à toutes les autres peines & infirmités qui accompagnent & ſuivent le péché. Dieu plein de miſéricorde par un ef-

fet de fa pure & gratuite bonté, promit à Adam &
en fa perfonne à tout le genre humain, un libérateur qui reparerait & guérirait tous les maux
qu'avaient caufé la chute d'Adam; mais parce qu'il
fallait faire connaître aux hommes la grandeur des
maux où les avait engagés cette chute d'Adam [car
ils faifaient le mal fans le connaître) outre la loi
naturelle, Dieu leur donna fa loi par Moyfe com-
posée de préceptes moraux & d'obfervations céré-
monialles, ces préceptes moraux faifaient connaître
aux hommes les péchés qu'ils commettaient, ou le
bien qu'ils devaient faire, & les obfervations céré-
moniales étaient les ombres des foumiffions que ferait le libérateur pour effacer les péchés des hommes, il faut donc bien remarquer ici que Dieu n'a
pas donné fa loi aux hommes afin de les rendre coupables & en vue de les condamner, mais afin qu'é-
clairés par cette loi, ils connuffent le nombre, la grandeur & l'énormité des crimes dans lefquels la chute
d'Adam les avait engagés. 2°. Afin qu'ils connuffent l'obligation qu'ils avaient à Dieu de leur avoir
donné un libérateur, nonobftant le malheureux état
où ils fe trouvaient par le péché d'Adam, c'eft ce
que nous dit S. Paul aux Romains, *lex autem fub* Ch. V. 20
intravit ut abundaret delictum, c'eft-à-dire, afin
qu'on connût l'abondance du péché, car il dit ailleurs qu'il n'aurait pas connu le péché fans la loi, Rom.
Peccatorum non cognovi, nifi per legem. 7. 7.

3°. Dieu a donné fa loi aux hommes, afin que les
hommes fe foumettant de bon cœur, profitaffent
d'une augmentation de gloire qu'il voulait leur donner en faveur de la nouvelle alliance qu'il avait faite
avec eux en J. C. leur réparateur, tellement que la
loi de Dieu, eft toute à la fois, & une marque de
la bonté de Dieu, une preuve de notre rédemption

& un mémorial des obligations que nous avons à notre libérateur qui s'est volontairement soumis à souffrir une mort ignominieuse pour nous guérir des maux infinis & de l'enfer où nous nous trouvions exposés pour n'avoir pas voulu nous priver de manger une pomme.

Car il faut que chaque homme en particulier s'imagine que c'est lui-même qui a mangé la pomme, & en effet, il l'a mangée en Adam, *qui per alium facit, per semetipsum facere videtur.* Un homme est censé faire par lui-même, ce qu'il fait faire par un autre, disent les jurisconsultes, or Adam est le Procureur-général de tout le genre humain.

C'est donc moi qui ai mangé la pomme, c'est donc à moi que Dieu a promis un libérateur, c'est à moi qu'il a donné la loi pour me faire connaître mes desordres & les engagemens que j'ai dans le péché à cause de cette premiere faute, je dois donc m'appliquer à moi seul toute l'œconomie de la rédemption, car Dieu l'a faite pour tout le genre humain d'une telle maniere que j'en puis profiter autant que s'il l'avoit faite pour moi tout seul, & quand il l'aurait faite pour moi seul je n'en saurais profiter davantage que j'en profite.

Comme il était important que tous les hommes connussent & la promesse que Dieu avait faite d'un libérateur, & la loi que Dieu avait faite aux descendans d'Abraham à qui il avait renouvellé la promesse du libérateur, Dieu voulut que le peuple sortit de ce patriarche fut mené en captivité en différens endroits, afin d'enseigner en ces lieux-là la promesse du libérateur & la loi de Dieu dont ce peuple était le depositaire & le témoin, *quia credi-*
ta unt illis eloquia Dei. C'est ainsi que l'Egypte &

Babilone ont été inftruites, l'accompliff ment des propheties des Juifs juftifiait la vérité de leur doc-trine.

ARTICLE HUITIEME.

Suite du fyftême depuis la venue de Jefus-Chrift.

ENfin le libérateur eft venu, c'eft notre Seigneur Jefus-Chrift, il eft venu dans le tems & dans les circonftances prédites par les Prophêtes, il a donc bien fait fans doute ce qu'il était venu faire. Or l'ange dit à Jofeph que Jefus fauverait fon peuple du pé-ché. *Ipfe enim falvum faciet populum fuum à pecca tis eorum.*

    Math. 1. 2t.

Le peuple de Dieu, ce font tous les hommes, car Dieu n'a point d'acception de perfonne, il ne fait point de différence entre le Juif & le Grec, dit S. Paul, *Non enim eft diftinctio Judæi & Græ-ei ; nam idem Dominus omnium.*

    Rom. 10. ỳ. 12.

Ce libérateur s'eft chargé de tous les péchés & de toutes les langues des hommes.

Vere langores noftros ipfe tulit, & dolores nof-tros ipfe portavit, omnes nos quafi oves erravimus unus quifque in viam fuam declinavit : & pofuit Dominus in eo iniquitatem omnium noftrum. Nous avons tous erré comme des brébis, ou chacun s'eft écarté du chemin qu'il devait tenir, & le Sei-gneur a mis fur lui toutes nos iniquités, dit Ifaie, or le Seigneur n'a fait fon Chrift le.... & le porteur de toutes les iniquités que pour les effacer, il les a donc effacé & outre ce encore, il a offert à tous ceux qu'il a rachetés des forces pour combattre & vaincre le vieil homme ; ce font ces forces & ces fecours que nous ap-

    Ifa. 53. v. 4. 6.

pellons vulgairement la grace de J. C. & que nous appellons ici la grace de ſurabondance.

Quand J. C. n'aurait pas mérité aux hommes cette grace de ſurabondance, ils n'auraient pas laiſſé d'être ſauvés par la grace de rédemption, mais ils n'auraient pas eu le moyen de s'acquérir une augmentation de gloire qui leur eſt accordée à titre de recompenſe, loſqu'ils ſont un bon uſage de cette grace qui leur eſt donnée pour combatre le vieil homme, c'eſt par le moyen de cette grace que la vie de l'homme chrétien devient un combat continuel ſur la terre : ſans cette grace l'homme ne peut faire d'actions qui lui ſervent pour le ciel, mais avec cette grace il remporte des victoires qui lui ſont honneur devant Dieu & devant les hommes.

Remarquons donc qu'il y a deux ſortes de graces, ſavoir la grace de rédemption commune à tous, & que Dieu devait à la nature humaine en vertu des promeſſes gratuites qu'il lui avait faites ; 2°. la grace de ſurabondance ou grace de mérite, parce qu'elle en eſt le principe, nous les expliquerons dans l'article ſuivant ; cette derniere grace n'eſt due à perſonne, mais le bon uſage que l'on en fait donne droit à la rédemption éternelle ou temporelle qui lui eſt promiſe, & ſi on la mépriſe ou ſi on en fait mauvais uſage, on mérite des peines temporelles ou d'être privé de la gloire éternelle qui répond à cette grace comme la récompenſe d'icelle. Il faut bien diſtinguer ces deux graces pour entendre l'écriture, par exemple, lorſque J. C. dit qu'il y a pluſieurs demeures dans la maiſon de ſon pere, *in domo patris mei manſiones multæ ſunt.*

Jean. 14. 2.

La grace de rédemption établit une demeure, & la grace de ſurabondance ou de mérite en établit pluſieurs, ainſi il ne faut pas craindre la damnation, quoiqu'on n'ait pas tous les mêmes mérites, *non turbetur cor vestrum, creditis in Deum ; credite in me.*

Jean. 14. 1. 27.

Ne vous allarmez point, ayez confian e en Dieu qui vous a promis la grace de redemption, ayez aussi confiance en moi qui vous promets une grace de surabondance, c'est ce que nous devons entendre de ces paroles de J. C. à ses Apôtres.

Ce n'est pas moins pour prêcher aux hommes cette grace de surabondance, que pour leur annoncer l'accomplissement des promesses par l'exécution de la rédemption que J. C. a envoyé ses Apôtres prêcher à toute la terre, il a aussi enseigné & fait enseigner aux hommes une loi encore plus parfaite que celle qu'ils avoient apprise de Moyse, afin que connaissant mieux les engagemens qu'ils avaient au péché & les secours qu'ils recevaient pour le vaincre, ils eussent plus d'amour pour Dieu qui les avait délivrés, & pour son Christ qui les avait élevés jusqu'à pouvoir mériter une augmentation de la gloire éternelle.

Et comme il était important que les hommes fussent convaincus, tant des promesses que Dieu avait faites de donner un libérateur à la nature, que de la venue de ce libérateur & de la grace qu'il avait meritée aux hommes, & que pour cela il fallait produire des témoins contre qui les peuples n'eussent rien à dire, Dieu pour cet effet a permis que ces juifs tombassent dans l'infidélité, en ne recevant point le messie, & se contentassent des livres de la loi de moyse & des prophêtes où sont contenues les promesses du messie & les signes de son avénement. Dieu sur cela a dispersé les juifs par toute la terre, afin qu'ils fussent partout témoins de la vérité des livres de la loi qui prouvent invinciblement la venue du messie.

C

On ne pouvait les accuser d'agir d'intelligence avec les chrétiens, parce qu'ils sont leurs ennemis jurés. Voilà comme leur aveuglement a servi à établir la connaissance du messie & de la grace qu'il a apportée aux hommes.

Mais remarquons bien que l'incrédulité des nations fut cause que Dieu choisit les enfans d'Abraham pour s'en faire un peuple qui fut le dépositaire de sa loi : c'est le peuple juif ; & qu'ensuite l'infidelité du peuple juif, a été cause que Dieu a fait annoncer aux nations la loy du messie : tous ont été infideles , & se sont mutuellement servis par leur infidélité. Mais pourquoi Dieu a-t-il permis que tous généralement, c'est à dire les nations & les juifs tombassent en l'infidélité ? demandons le à S. Paul, & il le dira.

Rom.
11.25.

Nolo, enim, dit-il, vos ignorare fratres, mysterium hoc.

Voici un secret ou un mystere, mes freres, que je ne veux point vous cacher, c'est que Dieu a renfermé tous les hommes dans l'incertitude, afin d'avoir lieu de faire miséricorde à tous.

Rom.
11.32.

Conclusit enim Deus omnia in incredulitate ; ut omnium misereatur.

V. 33.

C'est ici que S. Paul s'écrie avec justice : *ô altitudo divitiarum sapientiæ & scientiæ Dei : quam incomprehensibilia sunt judicia ejus, & investigabiles viæ ejus.*

O abyme des richesses de la sagesse & de la science de Dieu, que ses jugemens sont incompréhensibles, & ses voyes impénétrables ! c'est comme s'il disait : qui aurait jamais cru que Dieu qui avait tant de moyens de sauver les hommes sans qu'ils tombassent dans le péché, a pourtant voulu se servir même de leur péché, afin de les sauver tous & de repandre fur eux toutes les grandeurs de fa miféricorde.

Voici ce qui eft effentiel, & qu'il faut remarquer fur toutes chofes pour avoir une idée jufte du peu d'attention de la plupart de ceux qui citent l'écriture fainte, quelle erreur & quel aveuglement de fe fervir de ces paroles, *o altitudo divitiarum*, pour faire connaître la rigueur des jugemens de Dieu, dans le petit nombre des élus & la grande multitude des damnés, puifque S. Paul les employe à fignifier une chofe toute contraire, car il s'en fert pour admirer la multitude innombrable des fauvés, nonobftant les péchés des hommes, & il eft furpris que Dieu fe foit fervi même des péchés de tous les hommes pour les fauver tous. *Concluſit Deus* Rom. 11. 32. *omnia in incredulitate : ut omnium miſereatur. O altitudo.* V. 33.

Voilà ce que S. Paul ne pouvait comprendre, & ce qu'il ne pouvait ceffer d'admirer, mais le vieil homme a tellement détourné le fens de ces paroles, qu'on ne s'en fert ordinairement que pour infpirer de la crainte & de la fraieur, au lieu que dans leur fens naturel elles ne font propres qu'à nous donner pour Dieu des fentimens d'amour & de reconnoiffance, & à nous remplir de confolation, puifque nous voyons parlà que Dieu a tourné les chofes d'une manière fi avantageufe pour nous, que toute la malice du vieil homme, n'eft pas capable de nous priver du fruit principal de la rédemption de J. C.

On doit donc paffer pour un fait très-certain que jamais S. Paul ne s'eft fervi de ces paroles : *ô altitudo divitiarum* , ô abymes de richeffes , pour expliquer la rigueur des jugemens de Dieu ; au contraire , c'eft pour en faire admirer la douceur , & faire voir aux hommes l'étendue immenfe de la miféricorde de Dieu , & les moyens incompréhenfibles dont il se sert pour sauver tous les hommes.

ARTICLE NEUVIEME.

Ce que c'est que grace de rédemption & grace de surabondance.

QUand nous parlons de la grace de rédemption nous n'entendons autre chose que ce bienfait de Dieu, qui par ce libérateur a remis les hommes précisément au même état où ils étoient avant le péché d'Adam.

On ne peut douter de la vérité des propositions suivantes.

Adam aurait été sauvé s'il était mort avant d'avoir reçu la loi de Dieu ou immédiatement après l'avoir reçue, & avant de l'avoir violée.

Adam aurait été damné s'il fut mort immédiatement après la violation de la loi & avant que Dieu lui eut promis un liberateur.

Si Adam fut mort immédiatement après la promesse d'un liberateur, il aurait été sauvé & n'aurait eu que le degré de gloire qui répondait à l'état où il était avant la violation de la loi, car une véritable réparation ne fait que remettre les choses au premier état.

Adam en mourrant après neuf cent ans d'une vie réglée & pénitentente a eu plus de gloire qu'il n'en aurait eu s'il fut mort immédiatement après la promesse du libérateur.

Or si on demande d'où vient qu'Adam a acquis plus de gloire après sa chute qu'il n'en eut eue s'il était mort après la violation de la loi, nous répondons que le libérateur a fait deux choses en réparant le genre humain.

Premierement il l'a rétabli précisément dans l'état où il était par rapport à la gloire avant la chute d'Adam: c'est ce que nous appellons grace de rédemprion, grace commune a tous ceux qui étaient tombés en Adam.

Secondement il a donné aux hommes les moyens de mériter l'augmentation de cette premiere gloire, grace spécialle pour ceux qui font un bon usage de la loi, & qui est en eux le principe du mérite; & ce n'est point une destination en l'air, elle est fondée fur ce que dit S. Paul aux Romains. *Ubi autem* **abundavit delictum, super abundavit gratia.** Rom. 5. 20.

Mais où le péché abonde, la grace furabonde, l'abondance de la grace a effacé l'abondance du péché d'Adam, & remis les hommes au premier état, & la furabondance de la grace a été donnée aux hommes afin de leur donner une augmentation de gloire, autrement cette furabondance aurait été inutile. De cette maniere fimple & naturelle, il est aifé de connaître que bien loin d'avoir lieu de nous plaindre de la conduite de Dieu de nous avoir laiflé tomber en Adam pour nous relever en J. C. au contraire, nous lui avons des obligations infinies de nous avoir procuré par le libérateur des avantages infiniment plus grands que ceux qu'Adam avait reçus dans fa création par rapport à l'état furnaturel, car la grace de réparation ou de rédemption, remet Adam & route fa postérité dans l'état où il était avant fa chute, & nous gagnons tous le fruit de la grace de furabondance qui est d'un prix inestimable.

Nous fommes donc heureux de ce qu'Adam est tombé; l'églife le reconnaît dans un des plus grands de fes offices, *fœlix culpa* ! ô heureufe faute ! famedi faint.

Mais, direz-vous, Adam accepta la venue du réparateur, & la reçut felon la loi naturelle; voila et qui fait qu'il a été fauvé , mais les payens, les infideles , les pécheurs ne vivent pas de la forte , ainſi ils ne ſeront point ſauvés : je réponds que l'acceptation perſonnelle d'Adam ne fut pas ce qui fit ſa réparation , ce fut l'acceptation miſtique qui ſe fit en J. C. qui eſt l'agneau immolé dès le commencement du monde.

Iſa.53.
V.11. *Si poſuerit pro peccato animam ſuam , videbit ſemen longævum , & plus bas : ipſe peccata multorum (id eſt omnium) tulit , & pro tranſgreſſoribus rogavit.*

Il faudrait lire tout ce chapitre & le ſuivant , ils ſont admirables pour cette hypotheſe. J. C. accepta pour Adam & ſa poſtérité , & la réparation fut faite , comme Adam avait accepté la violation de la loi pour tous les hommes, & tous les hommes étaient devenus criminels , ainſi Adam était devenu juſte par l'acceptation que fit J. C. de ſouffrir pour tous les hommes.

Mais l'acceptation perſonnelle d'Adam & ſa vie pénitente l'ont mis dans l'état de la grâce de ſurabondance, il a mérité une augmentation de gloire, mais il ne pouvait rien mériter par rapport à la grace de rédemption, car depuis ſa faute juſqu'à cette grace excluſivement il était ennemi de Dieu , auſſi ne voyons-nous pas dans l'écriture ſainte que quand Dieu lui reproche ſa faute, Adam ne demande pas excuſe , au contraire il voulait en rendre Dieu coupable , car au lieu de dire ſimplement que ſa femme l'avait trompé , il ajoute , la femme que vous m'avez donnée pour compagne m'a donné de ce fruit que j'ai mangé.

Ainſi l'acceptation perſonnelle que les payens , les infideles , les libertins, les pécheurs, &c. pourraient faire de la grace de rédemption, eſt une chose impertinente par rapport à cette grace , mais elle est trè -utile pour les mettre dans l'état de la grace surabondante , la grace de rédemption ne dépend point de leur acceptation, elle est un pur effet de la miséricorde de Dieu , & un don absolu qui ne dépend d'aucune condition ; en un mot, c'est une réparation du genre humain : or ce ne serait pas une véritable réparation si elle ne remettait les choses au même état qu'elles étaient avant la chute d'Adam.

Si Adam n'eut mangé du fruit de l'arbre de science qu'après avoir engendré vingt enfans, supposé que cela soit véritable, car cela était possible , & qu'il eut dit à ses enfans l'ordre que Dieu lui avait donné , & la peine dont devait être punie sa désobéissance : ces enfans qui n'auraient point connu les avantages qui leur devraient revenir de la faute de leur pere, s'y seraient opposé. mais supposons qu'après cela, leur pere péche à leur insçu, ils sont coupables sans en rien savoir, & aussi qu'à leur insçu Dieu promette un libérateur à leur pere , ils sont justifiés sans en rien savoir ; ils sont devenus criminels sans en rien savoir, & ont été justifiés sans en avoir connaissance , voilà justement l'état où se trouvé les peuples, &c. qui n'ont eu aucune connaissance de la grace de surabondance, c'est ce qui fait qu'au jugement de Dieu ils auront plus lieu d'être contens que les libertins qui ayant eu le moyen de profiter de la grace de surabondance, l'ont méprisée & rejettée pour un moment de plaisir *sodomis in die illa.* Luc. 10. 21

Toutes les exhortations des prophêtes de J. C. des apôtres, des prédicateurs & de toute l'église tendent à nous inspirer de profiter de cette grace de surabondance, car pour ce qui regarde la grace de rédemption, c'est un droit acquit & inamissible , c'est pour nous donner les moyens de profiter de cette grace de surabondance que J. C. a établi une église & des sacremens qu'il nous a laissé les saintes écritures & des pasteurs pour nous instruire, voyez presentement si les peuples, les libertins, les payens & les hérétiques à qui on annoncera cette doctrine, ne feront pas plus disposés à se convertir que quand on leur parlera d'un Dieu qui de trente personnes en damnera vingt neuf, suivant le langage ordinaire, & une telle hypothèse ne convient-elle pas mieux à la bonté infinie de Dieu & à la charmante douceur de sa providence, je ne crois pas que personne en puisse disconvenir à moins que d'être entêté de cette pernicieuse erreur du viel homme qui dit, que J. C. n'est pas mort pour tous les hommes.

ARTICLE DIXIEME.

Réponse aux objections qu'on peut faire contre ce traité.

IL faut premierement supposer pour certain que le saint esprit qui a dicté l'écriture sainte, y a répandu des ténébres & des obscurités qu'il veut que nous adorions sans les pénétrer, c'est ce qui fait que les réponses d'un théologien ne sont jamais si claires que les objections d'un philosophe ; parce que les théologiens ne pouvant expliquer par la raison des mystéres qui sont au-dessus de la raison, il a à tout moment besoin d'avoir recours à la foi qui est obscure par elle même, mais comme la foi est évidemment plus sûre que la raison, la décision du théologien appuyée de l'écriture sainte, doit passer pour plus certaine que les objections du philosophe.

2°. Il faut suppofer que lorfque dans l'écriture fainte il fe trouve des antilogies qui femblent formelles, & des dogmes qui paraiffent oppofés, & qu'on ne peut accorder par aucune voye ; on-doit les adorer dans la fimplicité de la foi, en attendant que Dieu en découvre l'intelligence, mais s'il fe trouve plufieurs moyens de les expliquer, celui qui conviendra le mieux à la foi & à la raifon, fera celui dont il faudra fe fervir.

Par exemple, on regarde comme un principe que Dieu eft infini & immuable, & cela eft vrai & certain. Cependant on regarde pour auffi certain que Dieu s'arrête per nos prieres. Car c'eft fur ce principe que toutes les religions ont été baties ; renverfez ce principe, vous éternifez toutes les religions, ces deux principes femblent pourtant fort oppofés & s'embarraffent grandement l'un l'autre, & l'on ne peut gueres fe tirer de cet embarras qu'en jettant de l'incompréhenfibilité de Dieu en Dieu, dit-on, tout eft incompréhenfible, mais ce n'eft point en cela feulement.

On ne peut dire que perfqu'en toutes les matieres, il ne fe rencontre des objections indiffolubles à ceux qui font de bonne foi, l'efprit dans certaines objections qu'il fe fait, va jufqu'au bout de fa carriere, il faudrait pour en trouver les folutions qu'il allât plus loin que lui-même, c'eft ce qui ne fe peut, on doit donc dire, fans donner dans le dogme de la catalepfie que Dieu a jetté prefque à toutes chofes un point d'incompréhenfibilité que l'homme ne peut forcer, il trouve prefque par tout un endroit où la lumiere fe rend.

Carneade ne renverfa le fyftême de Chrifipe, qu'en fe fervant des objections que Chrifipe s'était fait ô malheureux, disait-il, en parlant de Ch.....pe, la force l'a perdu.

Arriaga en ses sommialles a embarrassé le chemin de la vérité par tant de subtilités, qu'il a été & est encore regardé comme un fauteur du Pyrronisme.

Bellarmin n'a gueres mieux réussi dans plusieurs endroits de ses controverses, tant il est vrai que l'esprit de l'homme a plus de force pour faire des objections contre la vérité, qu'il n'en a à y répondre ; & celui là serait vraiment du parti de l'époque d'Arcésilas qui mettait pour principe qu'il faut abandonner toutes les opinions contre lesquelles il se trouve des objections qu'on ne peut résoudre clairement.

Ainsi celui qui prétend qu'on lui développe toutes les difficultés, & qu'on lui rende tout palpable, doit être en état de faire la même chose pour l'opinion qu'il soutient, & s'il ne le peut faire en certain cas, en ce même cas, on est habiles égales, lorsqu'on ne le peut faire, c'est ce qui fait que souvent nous répondrons aux objections en deux manieres, à savoir par rétorsion contre l'adversaire, & ensuite par explication.

De sorte que nous demandons d'avance que l'adversaire explique les autorités que nous avons apportées de l'écriture sainte pour voir si ses explications sont plus littéralles & plus raisonnables que les nôtres, & ensuite qu'il réponde à nos raisons.

PREMIERE OBJECTION.

ON dira 1°. Ce système renverse toute la religion? car si tous les hommes doivent être sauvés, qu'est-il besoin de se gêner pour les observations que la religion nous prescrit, l'impie & le bon chrétien arriveront à la même fin, pour-

quoi demander à Dieu, puisqu'il est resolu de nous
donner le ciel, & pourquoi craindrons-nous de
pécher, puisque Dieu est résolu de ne nous point
punir, ou puisque tous les péchés que nous pour-
rions faire ont déja été punis en J. C. qui a sa-
tisfait pour nous, il n'y a donc qu'à être traitre, four-
be, impudique, voleur, & impie, puisque tout cela n'est point capable de nous faire perdre le paradis & de nous assujettir à l'enfer.

PREMIERE REPONSE
Par rétorsion.

QU'il montre que dans l'ancien système, on est
exposé aux mêmes inconvéniens, & qu'on ne
peut y répondre si bien que dans le présent système.
Car si Dieu est infiniment parfait dira un homme
sans religion, il a voulu d'abord ce qui était plus
excellent, & s'il est immuable, il n'a pu changer cette volonté, ainsi tous ce que nous pouvons faire sur
la terre est incapable de lui faire changer de sentiment
ainsi, dira-t'il, à quoi bon prier, se mortifier, s'af-
sujettir à la religion, &c.

Comme tout le monde n'est pas capable de juger de la force de cette rétorsion, nous mettrons
à la fin de cet ouvrage une preuve de l'immutabilité de Dieu qui les aidera à tirer des conséquences, & il est bon de l'avoir premierement.

SECONDE REPONSE
Par explication.

LA religion n'est point renversée par ce système,
car plus nous nous voyons assurés du ciel, &
plus nous voyons combien nous devons à Dieu; &
plus nous nous serons enclins au péché, & plus
nous devons nous sentir touchés de reconnoissan-
ce pour Dieu de nous avoir assuré le ciel non-

obftant la grande corruption où nous nous trouvons engagés par le vieil homme ; Dieu eft réfolu de ne nous point punir par l'exclufion du ciel, ni par la peine éternelle, mais il eft réfolu de nous priver de la grace de furabondance, & de ne point augmenter la gloire qui répond à la grace de rédemption fi nous vivons mal ; ainfi celui qui fe livre au péché, en fe laiffant emporter aux inclinations du vieil homme, perd toujours beaucoup en fe privant de tout ce qu'il aurait pû mériter par la grace de furabondance, & en s'affujettiffant aux peines temporelles dont Dieu menace ceux qui mépriferont cette grace ou qui en feront un mauvais ufage, car c'eft à l'égard de ce bon ou de ce mauvais ufage, car c'eft de la réception ou du refus de cette grace que l'homme a le libre arbitre, & non pas pour fe priver, ou ne fe pas priver du ciel qui a été fermé par Adam pour tous les hommes fans leur participation, & qui a été de même ouvert par J. C. pour tous les hommes fans qu'ils aient befoin d'y penfer, ainfi chacun eft affuré du fruit de la grace de rédemption, mais pour ce qui regarde le fruit de la grace de furabondance, perfonne ne peut favoir d'une certitude de foi, s'il en eft digne ou indigne.

Il ne fert de rien de demander à Dieu la grace de rédemption qu'il nous a déja gratuitement accordée, mais il fert beaucoup de lui demander la grace de furabondance pour mériter les dégrés de gloire qui y font attachés, & qui établiffent les différentes demeures qui font en la maifon de Dieu.

DEUXIEME OBJECTION.

Chap.
19 17. EN faint Mathieu J. C. dit à un jeune homme *fi vis ad vitam ingredi, ferva mandata,* fi

vous voulés entrer dans la vie, gardés les commandemens en S. Marc il dit, *diliges Dominum Deum tuum, & proximum tuum tanquam te ipſum.*

Chap. 12.30. 31.

Vous aimerés le Seigneur votre Dieu & votre prochain comme vous même en S. Paul dans l'épitre au hebreux, il dit, *ſine fide autem impoſſibile eſt placere Deo credere enim opertet accedentem ad Deum quia eſt & inquirentibus ſe remunerator ſit.*

Chap. 11. 6.

Sans la foy il eſt impoſſible de plaire a Dieu, car pour s'approcher de Dieu il faut croire quil y a un Dieu qui récompenſera ceux qui le cherchent, d'où il eſt aiſé de tirer cette conſéquence, donc tous ceux qui ne croient point, ou qui croient ſans garder les commandemens, ou qui n'aiment point Dieu de tout leur cœur, & le prochain comme eux-mêmes, n'entreront pas en la vie éternelle, & par conſéquent ne ſeront point ſauvés: or comme ceux-là ſont en grand nombre, il y aura donc un grand nombre de damnés.

REPONSE
Par explication.

L'Homme eſt ſujet à deux ſortes de morts, l'une myſtique & l'autre perſonnelle, par la premiere, nous ſommes tous morts en Adam, & par la ſeconde nous mourons tous perſonnellement. L'homme peut avoir auſſi deux vies, une pour la grace de rédemption & l'autre pour la grace de ſurabondance, c'eſt ce que dit J. C. en S. Jean.

Ego veni ut vitam habeant.

Jean. 10. 10.

Voilà la vie par la grace de rédemption de ſurabondance. Or ces trois paſſages de l'objection, il s'agit de la vie éternelle qui répond à la grace de ſurabondance, & non pas de la vie éternelle acquiſe par la grace de rédemption: ce qui paraît évidemment par les termes qu'ajoute S. Paul, *&*

Hebr.
11. 6. *inquirentibus se renumerator sit*, que Dieu recompense ceux qui le cherchent, cette recompense est le fruit de leur foi, de leur amour pour Dieu & le prochain, & de leur travail à observer ses commandemens, or toutes ces choses sont.... de la grace de surabondance, mais direz-vous, c'est une chose qui choque la raison de dire que sans la foi, sans l'amour de Dieu, sans l'observation des commandemens on puisse être sauvés ?

je réponds qu'il n'est pas plus difficile à comprendre que tous les hommes aient eu la foi, l'amour de Dieu, ayent observé ses commandemens en J. C. qui a répondu & payé pour eux, que de comprendre que tous les hommes aient péché & mérité la mort éternelle en Adam ; pourquoi sera-t-il contre la raison qu'ils aient été tous obéissant & fideles en J. C. ? On ne saurait apporter aucune raison pour eux qui ne puisse servir à l'autre, & comme Dieu a plus de penchant à faire du bien, & à recompenser qu'à punir, il y a plus de raison de dire que tous les hommes ont été sanctifiés en J. C. & qu'ils auront la vie éternelle par la seule grace de rédemption qu'il n'y en a de dire qu'ils auraient été damnés par le péché d'Adam ; & en effet, Dieu ne promit-il pas à Isaac que toutes les nations de la terre seraient bénies en celui qui naîtrait de lui ?

Benedicentur in semine tuo omnes gentes terræ.

Gen.
2. 6. 4. Ne reitera-t-il pas cette même promesse à Jacob ?

Ch. 28
14. *Benedicentur in te & in semine tuo cuncta tribus terræ.*

David n'a-t-il pas dit la même chose ? *& benedicentur in ipso (Rege Christo) omnes tribus ter-*

ra : omnes gentes magnificabuntur eum. Toutes les tr.b s de la terre feront benies en ce Roi, & toutes les nations chanteront fes louanges.

Que fignifient donc ces bénedictions fi ce n'eft l'application de la grace de rédemption à toutes les nations de la terre, peut-on dire que ce mot *de toutes les nations* puiffe convenir au petit nombre des élus felon l'opinion vulgaire, & fi ce n'é- toit qu'une offre de la grace de rédemption, Da- vid chanteroit il : *toutes les nations chanteront fes louanges,* Dieu eft fidele à fes promeffes, il a pro- mis de bénir tous les hommes en J. C. donc il les bénira, & par conféquent tous feront fauvés.

TROISIEME OBJECTION.

ON dira en troifieme lieu, ou l'écriture fain- te ne dit pas vrai ou il faut qu'il y ait des damnés, car 1°. en S. Luc J. C. dit, *le riche* C. 16. 22. 23. *mourut auffi, & il fut enfeveli en enfer, lorfqu'il était dans fes tourmens il leva les yeux, & voyant de loin Abraham, &c.* [lifez tout ce chapitre) Voilà donc le mauvais riche en enfer ; c'eft donc une ame damnée.

2°. En S. Mathieu J. C. parlant du jugement dernier, dit que le Roi *dira à ceux qui font à* C. 25. 41. *la gauche, retirez vous de moi, maudits, allez dans le feu éternel qui a été préparé pour le dé- mon & pour fes anges,* & un peu plus bas, il ajou- te que *ceux-ci s'en iront dans le fupplice éternel, & les juftes dans la vie éternelle.*

Voilà des hommes qui ont un fort bien diffé- rent les uns des autres ; fi ils étoient tous fauvés leur fort ferait égal, il faut donc néceffairement qu'il y en ait de fauvés, & d'autres damnés. C'eft pourquoi J. C. dit en S. Mathieu que *plufieurs font appellés, mais peu d'élus,* & S. Paul aux Romains

ᴿᵒᵐ. dit après Isaye, *si fuerit numerus filiorum Israel*
⁹·²⁷·*tanquam arena maris, reliquiæ salvæ fient.*

O Israel quand tes enfans seraient aussi nombreux
que les sables de la mer, il n'y en aurait qu'un
pétit reste de sauvés ; donc le plus grand nombre
sera damné.

PREMIERE REPONSE.
Par rétorsion.

COmment accorder ces passages avec ceux-ci, S.
ᴿᵒᵐ. Paul aux Romains dit : *nolo enim vos ignorare,*
¹¹·²⁵·*fratres, mysterium hoc... quia cæcitas ex parte contigit*
²⁶·²⁷ *in Israel, donec plenitudo gentium intraret, & sic omnis*
Israel salvus fieret sicut scriptum est. Veniet ex sion qui
eripiat, & avertat impietatem à Jacob. Et hoc illis
à me testamentum ; cum abstulero peccata eorum.

Mes freres (dit cet apôtre) voici un mystere que
je ne veux point vous cacher, c'est que Dieu a permis l'aveuglement d'une partie des juifs jusqu'à
ce que la multitude des gentils entrant en l'église, afin que par ce moyen tous les juifs soient sauvés, selon ce qui est écrit, il viendra de sion un libérateur qui bannira l'impiété de Jacob, & c'est
là l'alliance que je ferai avec eux après avoir effacé
leurs péchés.

Il est certain que S. Paul ne peut pas se con-
tredire, cependant il dit ici que tous les juifs seront sauvés, & il dit ci-dessus qu'il n'y en aura qu'une
partie de sauvés, il y a donc là-dedans une obscurité qu'il faut éclaircit pour sauver cette antilogie.

Le même S. Paul dit encore que Dieu a renfermé
tous les hommes dans l'incrédulité pour avoir occa-
sion de les sauver tous par sa miséricorde. *Conclu-*
sit enim Deus omnia in incredulitate : ut omnium
misereatur.

Comment sera-t-il donc miséricorde à tous s'il

en damne la meilleure partie, & comment envoye-
ra t'il en ce feu éternel, s'il ne damne perſonne ?
comment J. C. & Saint Paul ne peuvent-ils pas
être oppoſés l'un à l'autre, puiſque c'eſt le même
Saint Eſprit qui parle, il faut néceſſairement que les
paſſages de l'objection & ceux de la réterſion con-
tiennent quelque myſtere & ſoient ſujets à l'explication.

De plus, en S. Jean J. C. dit qu'il n'eſt pas deſcendu
du ciel pour faire la volonté, mais celle de ſon
pere, & que la volonté de ſon pere, eſt qu'il ne
perde rien de tout ce que ſon pere lui a donné. *hæc eſt* i. Jean
voluntas ejus, qui miſit me, patris: ut omne quod 6. 39.
dedit mihi, non perdam ex eo.

Or un peu auparavant, il avait dit que le pere avait
tout donné à ſon fils, *omnia dedit in manus ejus.* Chap.

Et en S. Mathieu il dit, *non eſt voluntas ante* 3. 35.
patrem veſtrum, qui eſt in cœlis, ut pereat unus Math. 18 14.
de puſillis iſtis, ce n'eſt pas la volonté de votre
pere qui eſt dans le ciel, qu'un ſeul de ces petits
ſe perde. J. C. en S. Jean parlant de ſon pere dit,
ego quæ placita ſunt ei facio ſemper, je fais tou- Chap.
jours les choſes qui lui plaiſent. 8. 29.

Or il lui plait que pas un ne ſe perde, pas un ne
doit donc être perdu, & en effet Dieu avait dit par
Iſaie parlant de ſon Chriſt. *Parum eſt mihi ut ſis* Iſa. 49.
mihi ſervus ad ſuſcitandas tribus Jacob & faces
Iſrael. Ecce dedite in lucem gentium, ut ſis ſalus
mea uſque ad extremum terra.

Ce ſerait peu de choſe pour moi ſi tu ne me
ſervais que pour rétablir les tribus de Jacob & les
reſtes d'Iſrael; je veux encore que tu ſois la lumiere des nations, afin que tu ſois mon ſalut juſques aux
extrémités de la terre, c'eſt-à-dire, que tu ſauves
juſqu'au dernier des hommes.

D

Car il ne faut pas tant examiner la rigueur des termes que le sens des paroles , ainsi le mot de terme en cet endroit signifie les hommes : il dit aussi *Isaie.* chap. 45. ℣. 26. que toute la postérité d'Israel sera justifiée dans le Seigneur , & sera digne de louange. *In Domino justificabitur , & laudabitur omne semen Israel.*

Il faut donc conclure de tous ces passages qui sont pour le moins aussi clairs que ceux de l'objection , & qui fortifiés par les raisons que nous avons apportées dans les articles 4 & 5 de ce traité se trouvent beaucoup plus clairs que ceux de l'objection : il faut , dis je , conclure qu'il y a du mystere dans les termes de l'objection, en effet plusieurs grands hommes comme S. Augustin , Théophilacte , Echer, S. Grégoire pape, & plusieurs autres grands docteurs ont regardé ce que dit J. C. sur ce mauvais riche, comme une véritable parabole, & non pas comme une histoire , car l'ame du mauvais riche n'avait pas des yeux, une langue, &c. ni celle du lazare un doigt pour tremper dans l'eau, qu'est ce qu'eut été une goutte d'eau pour éteindre l'ardeur de ces prétendues flammes de l'enfer : il paraît donc visiblement que ce discours est figuré & quand Tertullien , S. Chrysostome, Origene, disent que c'est une véritable histoire, cette divinité de sentimens ne sont qu'à prouver l'obscurité de la matiere , & à nous obliger de chercher à en découvrir le mystere.

<hr>

ARTICLE ONZIEME.

Réponse à la précédente objection.

NOus avons déjà fait remarquer que comme il y a deux sortes de graces ; à savoir la grace de

rédemption & la grace de surabondance, il y a
aussi deux sortes de gloire éternelle, une qui répond à la grace de rédemption & l'autre à la grace de surabondance; la grace de rédemption efface
les péchés, la grace de surabondance mérite la ré-
compense des vertus. J. C. a racheté tous les hommes, mais tous n'ont pas reçu la grace de surabondance, ainsi, quoiqu'ils aient été tous vivifiés en
J. C. par la grace de rédemption, ils ne seront pas
tous recompensés faute d'avoir reçu ou d'avoir bien
usé de la grace de surabondance, & une marque
certaine que le jugement dernier se fera sur le bon
ou mauvais usage de la grace de surabondance,
c'est qu'en ce lieu prétendu allégué de S. Mathieu^{Ch. 25}
où J. C. parle de ce jugement, il ne fait aucune ^{31.}
mention des péchés de ceux qu'il damne, il ne par-
le que de leurs défauts de vertu : *vous ne m'a-*^{V. 42.}
vez pas donné à boire lorsque j'avais soif, voulant
nous faire entendre que le vieil homme, l'homme
animal, le corps du péché n'ayant eu aucune part
ni à la grace de rédemption, ni à celle de surabon-
ce, & portant avec lui-même la condamnation qu'il
a reçue en Adam, il n'a plus besoin d'être condamné qu'à cause de son défaut de vertu avec le-
quel il est incompatible *quæ societas luci ad tenebras?*^{2. Cor.}
quel commerce peut il avoir entre la lumiere &^{6. 14.}
les ténébres.

Mais pour mettre cette réponse dans tout son
jour, & faire voir clairement sur qui tomberont les
paroles de ce Roi, qui dira, *allez, maudits, dans
le feu éternel,* il faut, (& nous l'avons déja dit)
considérer tous les hommes comme autant de Ja-
nus à deux visages : d'un côté ils regardent le ciel par
J. C. & de l'autre ils tiennent à la terre par Adam,
c'est l'homme spirituel & l'homme animal, ces deux

hommes myſtiques ſont tellement confondus par chaque particulier de la nature humaine, qu'on ne peut pendant la vie les ſéparer que dans les livres : chacun de ces deux hommes a ſes vues & chacun a ſes actions ; l'un ne cherche que le bien ſenſible & les plaiſirs des ſens, il n'a aucun gout pour ce qui regarde le ciel, c'eſt ce que S. Paul appelle le *vieil homme*, le corps du péché, le corps de mort, mais l'homme nouveau, l'homme ſpirituel c'eſt celui qui étant convivifié en J. C. ne peut être ſéduit par les enchantemens du vieil homme, il les ſouffre ſans les approuver, & il gémit de ſe voir ainſi attaché à la corruption du vieil homme, pour laquelle il a de l'averſion. Mais Dieu a fait de cette corruption la matiere des combats de ceux que nous appellons juſtes, c'eſt-à-dire, de ceux qui vivent de la grace de ſurabondance ; c'eſt par cette grace qu'ils triomphent de la corruption, & tirent ainſi leur gloire de leurs propres ennemis. S. Paul demande d'être délivré de cette corruption du vieil homme, qu'il appelle *l'ange de ſatan*, mais Dieu qui voyait que bien loin de lui être préjudiciable, elle lui était avantageuſe par les occaſions de victoire qu'elle lui procurait, ne voulut pas l'exaucer, & ſe contenta de lui dire : *ma grace te ſuffit* : comme s'il lui eut dit : Paul que ce que le vieil homme produit en toi, ne te faſſe point de peine, ma grace de rédemption a effacé le jugement de condamnation éternelle, que le premier homme par ſa chute avait encourue, & ma grace de ſurabondance te méritera des recompenſes par le ſoin que tu as de réſiſter aux tentations du vieil homme.

Ce n'eſt donc pas l'homme convivifié en **J. C.** l'homme nouveau, l'homme intérieur qui péche en nous, c'eſt le vieil homme, le péché, l'homme animal, l'homme terreſtre : ſes péchés ſont pour lui

& non pas pour nous comme rachetés de J. C.
mais parce qu'il ferait impossible d'expliquer auffi
nettement ces myfteres, que S. Paul les explique
dans le chapitre 7e. de l'épitre aux Romains, nous
allons ici les copier mot à mot depuis le ⹀. 14 jufqu'au ⹀. 4. du chap. 8. *Scimus enim quia lex fpiri-
tualis eft: ego autem carnalis fum, venumdatus fub
peccato. Quod enim operor non intelligo: non enim
quod volo bonum, hoc ago: fed quod odi malum,
illud facio: fi autem quod nolo, illud facio: con-
fentio legi, quoniam bona eft. Nunc autem jam non
ego operor illud, fed quod habitat in me peccatum,
fcio enim quia non habitat in me, hoc eft in carne
mea, bonum. Nam velle, adjacet mihi: perficere au-
tembonum non invenio:non enimquodvolobonum,hoc
facio; fed quod nolo malum hoc ago. Si autem quod
nolo, illud facio: jam non ego operor illud, fed quod
habitat in me peccatum. Invenio igitur legem, vo-
lenti mihi facere bonum, quoniam mihi malum adja-
eet: nondelector enim legi Dei fecundum interiorem
hominem: video autem aliam legem, in membris
meis, repugnantem legi mentis meæ, & captivan-
tem me in lege peccati, quæ eft in membris meis. In-
felix ego homo quis me liberabit de corpore mortis
huius? Gratia Dei per Jefum Chriftum Dominum
igitur noftrum ego ipfe mente fervio legi Dei, carne
autem legi peccati.*

*Nihil ergo nunc damnationis eft iis, qui funt
in Chrifto Jefu, qui non fecundum carnem ambulant.* Rom.
Lex enim fpiritus vita in Chrifto Jefu liberavit me 8. 1.
*àlege peccati& mortis. Nam quod impoffibile erat le-
gi, in quo infirmabatur per carnem: Deus filium
fuum mittens in fimilitudinem carnis peccati. &
de peccato damnavit peccatum in carne, ut juftifi-
catio legis impleretur in nobis; qui non fecundum
carnem ambulamus, fed fecundum fpiritum.*

Car nous ſavons bien que la loi eſt ſpirituelle , mais moi je ſuis charnel & vendu au péché. Auſſi je n'approuverai pàs ce que je fais , parce que je ne fais pas le bien que je veux , mais le mal que je hais ; que ſi je fais ce que je ne veux pas faire , je conſens à la loi , & je reconnais qu'elle eſt bonne , auſſi ce n'eſt plus moi qui fait le mal , c'eſt le péché qui habite en moi ; je trouve donc une loi lorſque je veux faire le bien , parce que le mal demeure en moi ; car je me plais dans la loi de Dieu ſelon l'homme intérieur , mais je vois dans més membres une autre loi qui réſiſte à la loi de mon eſprit , ce qui me tient dans la ſervitude ſous la loi du péché qui eſt dans mes membres. Miſérable que je ſuis , qui me délivrera de cette mort ? Ce ſera la grace de Dieu par J. C. notre Seigneur ; j'obéis donc , quand à l'eſprit à la loi de Dieu ; mais moi-même auſſi quant à la chair , j'obéis à la loi du péché : il n'y a donc plus maintenant aucune damnation pour ceux qui ſont en J. C. & qui ne vivent pas ſelon la chair , parce que la loi de l'eſprit de vie qui eſt en J. C. m'a affranchi de la loi du péché & de la mort ; car ce qui était impoſſible à la loi à cauſe que la chair la rendait faible , Dieu l'a fait en envoyant ſon propre fils dans la reſſemblance de la chair du péché , & par le péché il a condamné le péché dans la chair , afin que la juſtice de la loi fut accomplie en nous , qui ne vivons pas ſelon la chair , mais ſelon l'eſprit.

Que peut-on ajouter à ces paroles de S. Paul? & ne nous voilà t-il pas inſenſiblement arrivés au denouement du myſtere , ne voilà-t il pas une diſtinction bien établie entre le péché , c'eſt à dire , le vieil homme , qui eſt en nous & qui péche en nous , & l'homme ſpirituel & intérieur qui eſt auſſi en nous ,

& qui defaprouve le péché que commet le viel homme , cet homme antechrift , ce fils d'agar , cet
ange de Satan , toujours oppofé à l'homme fpirituel
que J. C. a formé en nous , c'eft, dis-je, ce vieil
homme qui au jugement dernier recevra une condamnation authentique, & qui avec la mort & l'enfer fera envoyé dans l'étang de fouffre , parce que
fon nom n'a point été trouvé dans le livre de vie.

Et qui non inventus eft in libro vitæ fcriptus, Apoc.
miffus eft in ftagnum ignis, car pour lors il fera en- 20.15.
tierement féparé de l'homme nouveau, ils avoient été
fémés enfemble, mais ils naîtront féparés, l'un ira
dans le ciel, l'autre fera perdu pour jamais, & ac-
cablé de malédictions pour juftifier la loi de Dieu,
& faire triompher la grace de rédemption.

Cette explication fimple, naturelle , & formellement tirée de la doctrine de S. Paul, concilie
aifément tous les paffages qui femblent fe con re-
dite dans l'écriture fainte ; on comprend aifément
1o. que J. C. eft le Sauveur du monde.

2o. Comme il eft venu pour fauver les ames &
non pas pour les perdre , & nonobftant cela, comment plufieurs paffent par le chemin de perdition,
par cette voye large.

3o. Comment il appellera au dernier jour les faints,
les bien aimés de fon pere, & comment il maudira
les pécheurs ; le dénouement de tout cela eft la différence de l'homme fpirituel & intérieur d'avec
l'homme animal & charnel. Et le bon ou le mauvais ufage de la grace de furabondance acheve la
difference qui fera entre les élus dans le ciel ; car dit
S. Paul. *autre eft la c'arté du ciel , autre celle de* 1.Cor.
la lune. autre celle des étoiles qui ne font pas égal- 15.41.
les en lumiere ; il en fera de même des morts lorf- 42.
qu'ils reffufciteront leurs corps comme les femences,

*font mis en terre, prêts à se corrompre, mais ils
reſuſciteront incorruptibles,* & plus bas il dit, *il eſt
mis corps animal, & il reſſuſcitera corps ſpirituel;*
tout cela s'explique aſſez aiſément par les diférens
dégrés de mérite que chacun acquiert par le bon uſage de la grace de ſurabondance & par la ſépara-
tion du vieil homme d'avec l'homme nouveau.

Il y a beaucoup d'appellés & peu d'élus, c'eſt-à-
dire, que tous ſont appellés à la grace de ſurabondance, c'eſt le talent qui nous eſt donné à faire valoir,
la vertu eſt la vigne où nous devons employer ce talent, mais peu correſpondent & peu reçoivent cette
gloire qui répond à la grace de ſurabondance: comme
cette gloire eſt une eſpece de vie, on pourrait improprement appeller une mort la privaion de cette vie.

Reliquiæ Iſrael ſalvæ fient, il n'y aura que les
reſtes d'Iſrael qui ſeront ſauvés, c'eſt-à-dire, qu'il n'y
aura qu'un petit nombre de Juifs qui réconnoiſſant J.
C. pour meſſie ſe ſerviront de la grace de ſurabondance qu'il a méritée pour tous ceux qui l'auront
reconnu & ſervi comme le ſauveur du monde, cependant tout Iſrael ſera ſauvé par la grace de rédemption:
voila comme s'élevent aiſément en hypotheſe ces antilogies. *QUATRIEME OBJECTION.*
Saint Paul à la premiere epitre aux Corinthiens dit
*ne vous trompes pas mes freres, ni les fornica-
teurs, ni les idolatres ni les adulteres, &c. ne poſſe-
deront point le Roiaume de Dieu, & aux galates,
il dit, or les œuvres de la chair ſont la fornication l'adultere, l'impurté &c. à quoi je vous ai
deja ... & je vous le répete encore, que ceux qui
y ſeront ſujets n'acquereront point le Roiaume de
Dieu.* Dans une infinité d'autres endroits l'ecriture
ſainte parle de la même maniere & par conſéquent
ſe ... empêchent véritablement qu'on ſoit ſauvé.

Rom.
9. 27.

1.Cor.
6. 9.

Gal. 5.

REPONSE.

POur répondre clairement à cette objection il faut rémarquer que S. Paul pose pour principe que la fornication, l'idolatrie, l'adultaire sont toutes les œuvres de la chair, & que la chair ne peut point posseder le Royaume de Dieu *quia caro & sanguis regnum Dei possidere non possunt.* 1.Cor. 15.50.

Or il faut savoir ce que S. Paul entend par la chair & le sang. Dire qu'il entend parler de la chair humaine ou du corps de l'homme, ce serait parler contre la foy qui nous apprend que les bienheureux ressusciteront dans leur propre chair & en leurs propres corps, & que ce corps & cette chaire iront dans le Ciel, *in carne mea videbo Deum meum*, dans ma propre chair je verrai mon Dieu c'est pour quoi le simbole dit *je crois la ressurrection de la chair*, ce que nous appellons le corps de l'homme, il faut donc dire que S. Paul apelle la chair & le sang ce que nous appellons le vieil homme. J. C. l'entendoit demême quand il disoit à S. Pierre la chair & le sang ne vous ont point révélé cette vérité, *caro & sanguis non revelabit tibi* or disant que J. C. & S. Paul appellent la chair & le sang ce que nous appellons le vieil homme, & que ceux qui font les œuvres de la chair ne possederont pas le ciel, c'est ce que nous prétendons, car qui est-ce qui fait les actions du vieil homme, que le vieil homme ? On pourrait dire en quelque maniere qu'elles sont illicitement de la nature humaine mais dénominativement du vieil homme; c'est de lui qu'elles tirent leur malice, c'est lui qui en produit le formel: ainsi elles sont condamnables en lui & punissables, mais cela n'empêche pas que l'homme créé en J. C. l'homme nouveau n'ait le Ciel envertu de la grace de rédemption quoi qu'à cause des actions infames que le vieil homme & le corps du péché produit en lui il n'ait aucune part au fruit de la grace desurabondante.

Job. 19.26.

Math. 16. 17.

CINQUIEME OBJECTION.

EN 5ᵉ. lieu, on dira, n'eſt ce pas ouvrir la pore à la vie licentieuſe, & détruire toute la morale, que de dire que les péchés de l'homme ne l'empêchent point d'être ſauvé ; car s'ils n'étaient contraires au ſalut, pourquoi J. C. aurait il preché la pénitence & envoyé ſes apôtres, avec ordre de prêcher à toute créature ; Pourquoi les apôtres, & ſurtout S. Paul ſe ſerait-il donné tant de peine, & pourquoi les martyrs auraient ils plûtôt donné leur vie qu'un grain d'encens à une idole ?

Il s'enſuivrait que les libertins ne ſeraient pas ſi condamnables qu'on le dit, car quelque choſe qu'ils faſſent ils ſont aſſurés d'avoir le ciel par l'effet de la grace de rédemption, & ſi la crainte des peines éternelles dont on les menace n'eſt pas capable de les retenir, à quelle fureur de déreglement, ne ſe porteront-ils pas, s'ils voient qu'ils n'ont rien à craindre pour l'autre vie, & ſurtout les princes qui ne craignent rien en celle-ci ? & par là la conſcience devient un meuble tout-à-fait inutile à l'homme.

REPONSE.

CEtte objection qui frappe d'abord les yeux, n'a rien de ſolide, ce n'eſt point ouvrir la porte à une vie licentieuſe ; c'eſt au contraire, comme forcer les hommes à agir pour *Dieu* par un principe d'amour & de reconnaiſſance, *Dieu* veut que nous l'aimions, & c'eſt là le feu que J. C. eſt venu apporter ſur la terre, & qu'il veut allumer partout, Dieu ne veut point être ſervi par pure crainte, mais par amour ; le péché eſt notre ennemi qui nous éloignait de l'amour de Dieu, Jſus-Chriſt a détruit le péché, afin que nous le ſervions ſans crainte étant dégagés des mains de cet ennemi.

Ut fine timore , de manu inimicorum noftro- Luc. 1,
rum liberati ferviamus illi. 14.

Nous le devons préfentement fervir comme un bon pere, qui nous a donné de fi grandes preuves de fa tendreffe , en nous donnant un libérateur qui nous a affuré le ciel, malgré la grandeur de notre corruption dont nous fentons inceffamment les effets. Et fi quelque chofe eft capable de ruiner la morale, & de jetter les hommes dans le découragement & dans une indifférence pour Dieu , c'eft de repréfenter Dieu comme font certains prédicateurs mal inftruits des voies de Dieu, qui ne parlent de Dieu que comme un Etre éternel, qui eft toujours aux aguets pour nous perdre, & qui nous damne éternellement pour une feule faute que nous, qui ne fommes que des emportés , ne voudrions pas punir par un feul coup de bâton fur un valet , il arrive de là qu'ils impriment beaucoup de crainte , mais point d'amour pour Dieu , qui eft pourtant ce que Dieu demande de nous.

Mais dans cette hypothefe-ci , qui eft l'homme, fi malheureux & fi livré au péché, qui n'aimât pas un Dieu qui pour le rendre heureux, n'a pas épargné fon propre fils, & qui nous a affuré le ciel malgré la corruption infinie à laquelle le péché d'Adam nous avait affujettis? que pourrait faire Dieu de plus agréable pour nous, & de plus touchant pour fe faire aimer, que d'effacer tous nos péchés par les fouffrances d'un feul homme, & de nous fournir en lui les moyens d'augmenter d'une gloire infinie, ce font des graces incompréhenfibles quelque reflexion qu'on y faffe , & celui qui ne fera pas touché de l'étendue de fes bienfaits, ne fera jamais tenu que par une crainte fervile qui n'a aucun mérite devant Dieu, & qui n'eft propre qu'à faire des hypocrites.

Mais au reste, quand il serait vrai que quelques esprits malfaits abuseront de la doctrine contenue en ce système, serait-ce une raison valable pour le rejetter ? qui a-t'il de plus saint que la loi de Dieu, les saintes écritures & les Sacremens ? faudra-t-il donc les supprimer, parce que mille & mille fois l'impiété du vieil homme en a abusé ? Si Dieu ne nous avait point donné la loi, les hommes n'auraient été coupables d'aucun péché, S. Paul nous l'enseigne formellement dans l'épitre aux Romains *Peccatum autem non imputabatur, cum lex non esset*, lorsqu'il n'y avait point de loi, le péché n'était point imputé ; & il dit ailleurs : *peccatum non cognovi nisi per legem*, je n'ai eu connoissance du péché que par la loi.

Cependant le nombre infini des péchés que Dieu savait bien que les hommes commettraient en violant cette loi, ne l'a point empêché de donner sa loi aux hommes, parce que la loi est bonne en elle-même, & le mauvais usage que quelqu'un en a fait ne doit point empêcher que ce qui est bon s'établisse : il en faut dire de même à l'égard de ce traité, car ou les preuves qui l'établissent sont bonnes, ou elles sont mauvaises : si elles sont bonnes, il est inutile de s'attacher à chercher des inconvéniens qui arriveront si la vérité s'établit, car les inconvéniens ne sont pas les effets de la vérité qu'on prouve, mais de la corruption de la nature & du vieil homme qui abuse de tout : il faut donc rejetter ces inconvéniens, & recevoir la vérité enseignée dans ce traité.

Mais si au contraire les preuves qu'établissent le présent système sont mauvaises, il faut en montrer la foiblesse, les renverser & les détruire : c'est ce que l'on ne fera pas lorſque laiſſant à part l'eſprit de chicane, on voudra agir de bonne foi, & raiſonner en forme : & juſques là nous ſommes en droit de raiſonner de cette ſorte, on doit recevoir un ſyſtême qui eſt fondé ſur l'écriture ſainte, appuyé de la raiſon qui n'eſt oppoſé à aucune déciſion de l'égliſe, qui concerne toutes les pratiques de la religion, qui ſoutient les plus grandes idées que nous avons de Dieu, qui nous porte à l'aimer & à le ſervir, & qui remplit tout le genre humain de conſolation : or tel eſt le préſent ſyſtême : donc il doit être reçu de tout le monde.

La premiere propoſition eſt évidente par elle-même, ou nous n'avons plus acune marque pour connaître l'orthodoxie. La ſeconde propoſition paraît par nos preuves & les réponſes que nous ferons à toutes les objections : il n'y aura donc plus qu'à réduire la concluſion en pratique. Mais revenons & répondons préſentement à l'objection, diſons que J. C. & ſes apôtres ont prêché la pénitence & appliqué la loi afin que les hommes en y obéiſſant profitaſſent de la grace de ſurabondance, & que connaiſſant en eux les obligations qu'ils avaient au libérateur par la vue de leur corruption, ils travaillaſſent pour faire voir en eux le nouvel homme, & montraſſent cet homme nouveau dans leurs œuvres par la pratique des vertus que J. C. qui eſt l'original de cet homme nouveau avait enſeigné par ſes exemples, c'eſt à quoi S. Paul exhortait les fideles de Corinthe, & en leurs perſonnes tous les hommes loſqu'il leur diſait.

Primus homo de terra terrenus : ſecundus homo de cœlo cœleſtis. Qualis terrenus tales & terreni; & qualis cœleſtis tales & cœleſtes. Igitur ſicut portavimus imaginem terreni, portemus & imaginem cœleſtis. Hoc autem dico fratres, quia caro & ſanguis 1.Cor. 15.47. 50.

regnum Dei possidere non possunt ; neque corrup-
tio in corruptelam possidebit. Le premier homme
sorti de la terre était terrestre ; le second homme
venu du ciel était céleste ; les hommes terrestres sont
tels qu'a été le céleste ; comme donc nous avons
été semblables à l'homme terrestre, soions aussi
semblables à l'homme céleste, car je vous le dis,
mes freres ; c'est que la chair & le sang ne peuvent
posséder le roiaume de Dieu, & la corruption ne
possedera point l'immortalité. Il paraît visiblement
par ces paroles que S. Paul, par la chair, le sang
& la corruption entend le vieil homme. Car les Sts.
ressuscités auront de la chair & du sang, & cependant ils posséderont le roiaume de Dieu.

S. Paul & les autres apôtres n'ont point travaillé
inutilement, car outre qu'ayant la charité de J. C.
elle les pressait d'être utiles à leurs freres en leur en-
seignant les moiens de profiter de la grace de surabondance, c'est que connaissant la grandeur de la gloire que Dieu voulait donner à ceux qui feraient un
bon usage de cette grace, ils étaient bien aise de
s'acquerir par eux-mêmes cette gloire qu'ils esti-
maient d'un si haut prix, qu'elle n'était pas com-
parable avec toutes les peines qui se trouvaient dans la
vie. C'est ce que disait S. Paul aux Romains, or je
tiens qu'il n'y a plus de comparaison entre les maux
de cette vie & la gloire dans laquelle nous devons
paraître

Dans le verset suivant, il fait voir que tous les
hommes attendent cette gloire, & doivent être délivrés de la servitude du vieil homme.

On voit par là si les martyrs n'ont pas eu raison
de donner leur vie pour ne pas laisser agir le vieil
homme qui les aurait privés de la gloire qui répond
à la grace de surabondance, & l'on voit en même

rems fi les libertins ont de quoi s'applaudir. Car ou ils croient à l'écriture sainte, ou ils ni croient pas: fi ils y croient, ils doivent convenir que par leurs péchés ils se privent d'une gloire éternelle qu'ils meriteraient s'ils vivaient bien, Dieu la leur présente & les prie même de l'accepter en vivant dans l'etat de grace de surabondance, ainsi leur ingratitude à l'egard de Dieu est un monstre épouvantable, il n'y a qu'à le leur faire voir. S'ils ont du génie & du gout, il leur fera horreur, mais s'ils ne croient pas à l'écriture sainte, à quoi servent les menaces de l'enfer pour des gens qui n'y ont point de foi.

Mais, direz vous, il ne faut donc plus parler de l'enfer aux hommes. Je réponds qu'il faut leur en parler pour leur faire goûter la miséricorde & la bonté de Dieu qui les en a délivrés, & les obligations qu'ils ont à leur libérateur qui a souffert pour cet effet la peine où ils se trouvoient engagés par la grande corruption où les a mis le péché d'adam,

Les Princes qui ont plus reçu de Dieu que le reste des autres hommes, ont aussi des engagemens plus pressans d'aimer Dieu & de le servir par un bon usage de la grace de surabondance ; leur ingratitude serait plus grande s'ils en abusaient, & outre que des personnes illustres de ce monde ils pourraient servir à la classe comune dans l'autre, c'est qu'ils s'exposeraient encore à recevoir en ce monde des chatimens & des afflictions qui les couvriraient de confusion pendant cette vie, & rendraient leur mémoire odieuse après leur mort.

La conscience n'est point non plus un meuble inutile, car en nous reprochant nos fautes, elle nous fait souvenir des obligations que nous avons à J. C. de nous avoir tirés de la corruption, en souffrant ce que nous devions souffrir, & cette même conscience nous dictant le chemin de la vertu, elle nous montre les moiens de profiter de la grace de sur-abondance.

ARTICLE DOUZIEME.

Continuation des objections. Sixieme objection.

ON dira encore, si le vieil homme & l'homme nouveau sont tellement confondus dans chaque particulier de la nature humaine qu'on ne puisse en cette vie les séparer, en quelle maniere peut-on condamner un homme à la mort pour un crime commis, n'est-ce pas faire mourir l'innocent avec le coupable, & comment est ce que S. Paul pourrait retrancher de l'église, & livrer à Satan l'ineestueux Corinthien, puisque cet homme appartenait véritablement à J. C. par la grace de rédemption; Il y a donc apparence que ceux qui sont criminels ont véritablement effacé en eux l'image de l'homme nouveau par leurs crimes, car serait-il possible que Judas même eut conservé cette image, lui de qui J. C. a dit qu'il lui eut été avantageux de n'être jamais né.

REPONSE

IL faut considérer que les hommes outre les rapports qu'ils ont vers Dieu ont encore des rapports les uns vers les autres, parce qu'ils sont tous ensemble une société ou un corps civile: or pour que cette société subsiste, il faut qu'elle soit réglée par des loix, chaque peuple se fait des loix, & compose un corps diférent de société civile, chaque membre de cette société est obligé d'observer ces loix sous les peines qui y sont attachées; cette différence de loi & de peuples, fait qu'on punit justement par la mort en un lieu une action qui ailleurs mériterait recompense. C'est contre le vieil homme que ces loix sont établies, car elles ne sont point contre l'homme intérieur qui va toujours au bien, c'est (dit S. Paul] contre les libertins, contre les rebelles, les impies, &c. que la loi est faite : or le nouvel homme est assujetti aux chatimens temporels que s'attire le vieil homme, & c'est ce qui fait gemir l'homme nouveau qui demande d'être délivré du corps de mort & du vieil homme : mais comme ce vieil homme ne peut être séparé en cette vie, parce qu'il n'y aurait plus de preuves vivantes & suffisantes de la corruption de toute la nature, on ne fait point d'injustice à l'homme nouveau lorsqu'on punit de mort le vieil homme qui l'a mérité par l'infraction de la loi, & l'homme nouveau a d'autant moins de sujet de se plaindre que par cette mort il recouvre sa liberté & finit son esclavage.

Ainsi S. Paul avait raison d'excommunier l'incestueux Corinthien, car s'il ne l'avait pas fait, cette action infame sans correction dans le public, aurait passée pour une action de l'homme nouveau, & chacun eut été en droit de l'imiter, il fallait donc en la condamnant faire voir qu'elle était du vieil homme & qu'on ne pouvait croire que celui qui la commettait, voulut profiter de la grace de surabondance. Ainsi S. Paul ne retranchât-il cet incestueux du nombre des fideles, que pour faire mourir en lui le vieil homme; *in interitum carnis & spiritus salvus sit*, afin qu'il soit affligé en son corps, & que son ame soit sauvée.

Il est bien certain qu'il aurait été avantageux à Judas de mourir au ventre de sa mere, car il n'aurait point abusé de la grace de surabondance par l'odieuse trahison qu'il commit qui lui a attiré une mort honteuse, & l'exécration de tous les gens de bien, tout de même, il aurait été plus avantageux à ceux dont parle J. C. en S. Mathieu, qu'on leur eut attaché une meulle de moulin au col, & qu'on les eut jettés dans la mer, comme S. Clément & plufieurs martyrs, qui ne leur était avantageux de fcandalifer leurs freres par des actions du vieil homme.

SEPTIEME OBJECTION.

MAis, dira-t-on, le vieil homme n'eft qu'un être de raifon fur quoi on ne peut faire tomber de maux réels, cependant les maux que l'écriture fainte attribue aux damnés font fort réels, car elle dit *cruciabuntur die ac noĉte in fæcula fæculorum* , pendant les fiecles des fiecles, ils feront tourmentés nuit & jour. S. Pierre dit : le Seigneur fait bien réferver au jour du jugement , les pécheurs pour être punis *iniquos vero in diem judicii refervare cruciandos.*

Apoc. 20. 10.

St. pre. 2. Ep. 2. 9.

J. C. en S. Marc dit parlant de l'enfer, *ubi vermis eorum non moritur & ignis non extinguitur omnis enim igne* , ou le ver des damnés ne meurt point, ou le feu ne s'étint point, car tous feront falés par le feu comme une victime falée par le fel, Ifaie avait dit la même chofe, *vermis eorum non morietur & ignis eorum non extinguetur.*

Ch. 9. 47. 48.

Chap. 66. 24.

REPONSE Par rétorfion.

SI le vieil homme eft auffi un être de raifon, d'où vient donc que S. Paul dit que la mort a été détruite fans reffource, & qu'apoftrophant cette mort il dit : ô mort qu'eft devenue ta victoire, où eft maintenant la pointe de tes armes ? *abforpta eft mors in victoria : ubi eft mors victoria tua : ubi eft mors ftimulus tuus ?* parle-t-on auffi à des êtres de raifon, le même apôtre avait dit quelques verfets auparavant, le dernier ennemi qu'il détruira fera la mort, *noviffima autem inimica deftruatur mors.* Ifaie parlant de Dieu, dit qu'il précipitera la mort pour toujours , *mortem præcipitabit in fempiternum.*

1. Cor. 15. 55. 56.

1. Cor. 15. 25.

Et Dieu dit en Ofée , ô mort je ferai ta mort , ô enfer , je te morderai , *ero mors ô mors morfus tuus ero inferne.* Osée. 13. 14.

Or être détruit fans reffource , avoir des armées, des victoires , être précipité & mordu, ne font-ce pas des maux & des biens réels, cependant l'écriture parlant en la perfonne de Dieu, des prophêtes & des apôtres , les attribue à ce qu'on appelle un être de raifon.

Cette attribution ne prouve point la réalité de la fubfiftance de la mort, j'en dis autant de la conféquence qu'on tire dans l'objection.

REONSE.
PAR EXPLICATION.

QUoi que la réponfe par rétorfion foit prefque fuffifante pour fermer la bouche aux adverfaires. Cependant comme cette objection eft une pure chicane & une pointillerie de logique , & qu'il eft à propos de faire voir que ce fyftême peut fe défendre contre toute forte d'attaque, il faut y donner une réponfe du même ftile que l'objection, & j'efpére que le lecteur me pardonnera fi je me fers pour répondre du même jargon dont on fe fert pour m'ataquer, j'appelle jargon, certains termes que les fcolaftiques ont inventé pour conferver une apparence de néteté dans leurs expreffions, & pour parler des chofes que nous ne concevons que confufément ou plûtôt que nous ne concevons point faute d'en avoir les véritables idées.

*Difons donc qu'entre l'homme fpirituel & le vieil homme, il y a du moins une diftinction de raifon qu'on appellera comme on voudra, ou diftinction virtuelle intrinféque ou diftinction formelle , car il eft certain que ces termes, l'homme fpirituel, l'homme animal, ou le vieil homme ne font pas des pytonifmes , car l'efprit trouve en l'homme même le fondement de la précision qu'il fait entre ces deux termes, où S. Paul avait grand tort de les si bien distinguer, & d'exhorter si fortement les fideles à se dépouiller du vieil homme, mais comme il en connaissait la différence, il les distinguait fort bien l'un de l'autre : or cette distinction suffit pour qu'on puisse appliquer à l'homme pris confusément des contradictions.

En l'homme, par exemple, l'animalité & la rationalité sont réellement la même chose, cependant, prenez qu'on dise l'animalité comme telle, *& in abstracto*, n'est pas la rationalité comme telle, *& in abstracto*. Cette distinction suffit pour qu'on puisse dire de l'homme, l'animal raisonne, l'animal ne raisonne pas, ces deux propositions contradictoires en elles mêmes ne se trouvent plus contradictions appliquées à l'homme dans un sens différent.

Il est de même en Dieu, la paternité, l'immortalité, la nature divine, sont réellement la même chose, cependant une distinction virtuelle suffit pour qu'on dise la paternité & l'immortalité sont incommunicables, la paternité engendre, & la nature divine n'engendre pas. Pourquoi donc cette même distinction virtuelle ne sera-t-elle pas suffisante entre l'homme & le vieil homme, pour qu'on puisse dire de chaque persone en particulier un tel en tant qu'il est du vieil homme, il sera damné, salé de feu, rongé d'un ver qui ne mourra point, tourmenté nuit & jour, &c. & lui attribuer toutes les malédictions que l'écriture donne à l'homme pécheur, & tout cela n'empêche point qu'on ne puisse dire du même homme qu'en tant que vivifié en J. C., il ne sera point damné, c'est-à-dire qu'il sera sauvé & qu'il joüira de tous les avantages attachés à la grace de rédemption, outre ce encore de tout ce qu'il aura mérité par le bon usage qu'il aura fait de la grace de surabondance, & il n'y a pas un homme à qui cela ne doive convenir, car Ifaie dans le meme chapitre 66 cité dans l'objection ℣. 2 3. *veniet omnis caro ut adoret co-* ¹¹·ᶜ· *ram facie mea dicit Dominus, itaque nos ex hoc* ⁵·¹⁶· *neminem novimus fecundum carnem.*

Toute chair viendra m'adorer, dit le Seigneur, au refte, il n'y a qu'à examiner de prés, & lire tous les chapitres d'où font tirés les paffages de l'objection, & il eft aifé de voir qu'il y a du. myftere dans ce langage, & que fi on les piend à la rigueur de la lettre, ils feront contre ceux memes qui veulent s'en fervir, car il s'enfuivrait qu'après le jugement il n'y aurait plus de tourment en enfer, parce qu'il n'y aura plus ni jour ni nuit, ni an ni fiecles, il n'y aura plus de tems, tout fera dans l'éternité, ainfi les damnés ne feront tourmentés que pendant les fiecles des fiecles, ils ne le feront plus lorfqu'il n'y aura plus de tems. De plus, ce ver eft encore un myftere, car *quomodo*, comment à préfent peut-il ronger les ames qui font purement fpirituelles, & le feu les faler, *miris*, dira-t-on, *fed veris modis*, admirons les donc fans les vouloir expliquer d'une maniere injurieufe à la bonté de Dieu & à la grace du rédempteur.

En effet, pouvons-nous dire en paffant que c'eft ce malheureux *quomodo* qui a introduit tant d'héréfies dans l'églife, & qui eft caufe que tant de gens font privés du fruit de la grace de furabondance, on a voulu expliquer des chofes inexplicables, & qui devaient demeurer dans la fimplicité de la foi & dans les pures termes du dogme évangélique, mais la curiofité du vieil homme a fur toutes chofes dit *quomodo*, & ce meme vieil homme dans les héréfiarques a montré fa malice & fon ignorance en fes réponfes, ᴬᵖᵒᶜ· *& a entrainé après lui la troifieme partie des étoi-* ¹²· ⁴· *les du ciel pour les attacher à la terre.*

La S. Vierge dit à l'ange, *quomodo fiet?* comment ᔆ·ᴸᵘᶜ· fe fera cela? elle parlait à un docteur capable de l'inf- ¹· ³⁴·

truire, & ſon acquieſcement & ſa foi ſont des preuves de ſa ſoumiſſion, ce n'eſt pas ainſi qu'en uſe le
vieil homme, il n'a jamais épuiſé ce *quom do*, il veut
qu'à quelque prix que ce ſoit.

Non tangenda vates tranſilium vada.

Si J. C. dans la parabole de l'ivraie ne voulait
pas nous faire entendre que l'ivraie & le bon grain
ſont dans le meme homme, ditait-il à ſes anges,
laiſſez croître enſemble de peur qu'en arrachant l'i-
vraie, vous n'arrachiés auſſi le bon grain, car s'ils
étaient ſeparés, ne ſerait-il pas aiſé de faire mourir
un méchant homme ſans faire tort aux juſtes, mais
parce qu'ils ſont dans le meme homme, J. C. dit, *ſi-
nite utraque creſcere uſque ad meſſem, & in tempore
meſſis, dicam meſſoribus : colligite primum zizania,
& alligate ex in faſciculos ad comburendum, triti-
cum autem congregate in horreum meum,* laiſſez croître l'un & l'autre juſqu'à la moiſſon & au tems de la
moiſſon, je ditai moiſſonneurs cuillés premierement
l'ivraie & la liés en bottes pour la bruler, & amaſſés
le bled dans mon grénier. Et aux ℣. 41, 42, 43.
*mittet filius hominis angelos ſuos, & colligent de re-
gno ejùs omnia ſcandala, & eos qui faciunt iniquitatem ; & mittent eos in cæminum ignis, ubi erit fle-
tus & ſtridor dentium : tunc juſti fulgebunt ſicut ſol
in regno patris eorum : qui habet aures audiendi au-
diat :* c'eſt-à dire, le fils de l'homme envoiera ſes anges qui ramaſſeront & enleveront de ſon roiaume
tous les ſcandales, & ceux qui commettront l'iniquité, & ils les jetteront dans la fournaiſe de feu : c'eſt
là qu'il y aura des pleurs & des grincemens de dents :
alors les juſtes brilleront comme le ſoleil dans le roiaume de leur pere : que celui-là entende qui a des oreilles pour entendre.

Il faut remarquer prémierement que J. C. avait dit
auparavant que le bon grain eſt celui qu'il a ſemé

lui-même, & que le mauvais grain a été fémé par
le diable.

2°. Il faut remarquer que ce mauvais grain ne
fera point caufe de la perte du bon grain, mais
qu'il l'embarraffera feulement & le fera languir
jufqu'au tems de la moiffon.

3°. Qu'au tems de la moiffon, ils feront féparés ,
le bon grain pour le ciel, & le mauvais pour le feu :
or afin qu'on ne put dire que ce bon & mauvais grain,
eft la bonne & la mauvaife doctrine de J. C. s'eft ex-
pliqué au ⍦. 38. que le bon grain font les enfans du
roiaume, & l'ivraie, ce font les enfans du malin efprit.

Qu'eft - ce donc préfentement que le grain du
diable ; c'eft fans doute le grain que le diable a fémé, or le diable a-t-il fémé l'homme intérieur qui
eft en nous : non fans doute, il n'a fémé que le péché , que la concupifcence de la chair & des yeux &
la fuperbe vie. C'eft donc ce grain du diable qui fera
mis en fagot & jetté au feu. C'eft ce qui fait que
J. C. au ⍦. 41 dit que les anges ramafferont tous les
fcandales & ceux qui font l'iniquité, c'eft-à-dire, le
vieil homme avec toutes fes appartenances & dé-
pendances les jetteront au feu ; & afin qu'on ne put
pas douter qu'il n'y eut du myftere dans ces paroles, J. C. dit auffitot que celui qui a des oreilles pour
l'entendre le comprenne. Ajoutez à tout cela qu'au ⍦.
49. du même ch. J.C. a dit *angeli feparabunt malos
de medio juftorum*, ils fépareront les méchans du mi-
lieu des juftes, ne veut-il pas par là nous faire entendre que les bons & les méchans feront confondus
dans le même individu de chaque perfonne & que
pour lors ils feront féparés, le bon, c'eft-à-dire, l'homme intérieur fera réfervé pour le ciel, & le vieil homme pour l'enfer, car autrement pourquoi dire *de
medio* : dans un langage myfterieux, il faut pefer
toutes les paroles. C'eft ainfi qu'en S. Luc & en S.

Math. 24. 40. Mathieu J. C. dit *tunc duo erunt in agro. Unus assumetur & alter relinquetur*, de deux personnes qui seront dans le meme champ l'on sera pris & l'autre laissé, ce champ, c'est l'homme mortel, celui qui sera pris, sera l'homme intérieur, celui qui sera laissé c'est le vieil homme, & tout de même de ces deux personnes qui coucheront au meme lit, & de ces deux femmes qui moudront au même moulin, & en effet au ỳ. 50. il dit *Veniet Dominus servi illis in die qua non sperat & hora qua ignorat : & dividet eum, partemque ejus ponet cum hypocritis,* que signifie cela ? *dividet eum,* il le partagera ou le divisera, sinon qu'il séparera le vieil homme d'avec le nouveau, *partemque ejus ponet cum hypocritis,* & il mettra avec les hypocrites une partie de tout ce qui est à présent sur la terre, l'homme mortel composé de l'homme intérieur & du vieil homme.

Il ne dit point dans cet endroit ce qu'il fera de l'autre partie de ce tout, mais il est aité de l'entendre, & il n'était point nécessaire qu'il en parlât, car il ne s'agissait là que d'inspirer aux hommes le désir de profiter de la gloire qui répond à l'état de la grace de surabondance, mais pourtant dira quelqu'un, il reste là dedans un point de doctrine incomprehensible ? car comment est ce que Dieu séparera ce vieil homme d'avec le nouveau ; qu'est-ce que sera ce vieil homme après la séparation, sera-t-il composé de corps & d'ame, ou simplement un corps organié comme celui des bêtes.

1. Cor. Nous répondons, 1°. que S. Paul parlant en la personne des insensés le fait une semblable objection *quomodo resurgent mortui quali corpore venient ?* comment est-ce qu'ils ressusciteront ? comment sera fait le corps qu'ils auront ?

Les curieux n'ont qu'à voir de quelle maniere S. Paul répond à cette objection, & remarquer qu'il

explique ce myftere par comparaifon à une chofe naturelle. Nous répondrons 2°. par rétorfion, en deman-
dant à l'adverfaire, fi avant d'admettre un fyftême fondé fur l'écriture fainte & fur la raifon, il eft abfolu-
ment néceffaire de comprendre clairement tous les
myfteres & tous les points de myfteres qui fe trouvent enfermés dans ce fyftême, l'adverfaire ne faurait
foutenir l'affirmative, fans fe rendre ridicule, car que
deviendrait la loi qui n'a acune évidence intrinféque,
& qui fe contente des argumens de crédibilité, de
quoi deviendrait l'ancien fyftême? n'a-t-il pas des myfteres plus impénétrables que la féparation du vieil homme d'avec l'homme nouveau ? qui peut comprendre
qu'un être infiniment bon & infiniment fage puiffe fe
déterminer de fon propre mouvement à créer trente
perfonnes, dont il voit infailliblement que 29 feront
damnés, à la vérité par leur faute ; mais que fait cela ? ne vaudrait-il pas mieux pour ces 29 perfonnes qu'elles fuffent reftées dans le néant, & que Dieu n'eut eu créé
qu'une feule, qui eft-ce qui peut comprendre que Dieu
infiniment bon pût fe déterminer à rendre une de fes
créatures éternellement malheureufe à caufe d'une feule
penfée mauvaife qui ne lui aura reftée qu'un moment,
elle fera damnée éternellement quand même aupavant
elle aurait veçu cent ans en état de grace ; & au refte
les myfteres de la très-fainte Trinité, de l'incarnation,
& de la tranffubftantiation ne font ce pas des chofes
incompréhenfibles & inconcevables à des efprits bor-
nés comme les nôtres, n'eft-il donc détendu qu'au
préfent fyfteme d'avoir quelque point d'incompréhenfibilité, & fi on ne veut recevoir que ce qui eft
compréhefible, ne voit-on pas les avantages qu'on
donne par là aux payens contre la religion chrétienne.

Mais, dira-t-on, on convient qu'on eft obligé de
recevoir l'incompréhenfibilité qui fe trouve dans l'ancien fyfteme, parce que ce font des myfteres que l'églife

nous propose, mais elle ne nous propose pas celui de la féparation du vieil homme d'avec le nouveau, ainfi il n'eft point néceffaire de recevoir cette incompréhenfibilité.

Nous répondrons à cela, que la vérité de l'églife ne nous propofe pas formellement cette féparation du vieil homme d'avec le nouveau, mais elle nous met à la main l'écriture fainte d'où nous tirons toutes les preuve de cette féparation, comme il refulte de tout ce que nous avons dit, & la raifon appuye ce que nous avons prouvé par l'écriture fainte ; & on ne fauroit faire voir que l'églife ait décidé qui foit formellement contre le préfent fyfteme : au contraire il eft plus aifé dans le préfent fyfteme de donner aux décifions de l'églife des interpretations qui foient conformes à l'idée que nous avons de la bonté de Dieu, que dans l'ancien fyfteme, on n'a qu'à examiner les décifions de l'églife, & fe bien fervir des principes que nous avons établi en cet ouvrage, & on verra la vérité de ce que nous avançons ici, par exemple dans le fymbole de faint anaftafe que l'églife a adopté.

Et qui bona gerunt ibunt in vitam æternam, qui vero mala, in ignem æternam. Ceux qui auront fait lemal iront dans le feu eternel : il femble qu'on ne puiffe rien avoir de plus clair que cette décifion.
Cependant rien deplus aifé à expliquer fuivant nos principes, car cela fignifie que l'homme intérieur qui par fes bonnes actions aura vecu dans l'état de grace de furabondance fera mis en poffeffion de la gloire qui répond à cette grace, & qu'au contraire le vieil homme qui dans fes œuvres n'aura montré que fa corruption fera envoyé en enfer. Que peut-on avoir de plus naturel & de plus raifonnable ? au refte nous repondrons 2°. que pour fe former une idée de cette féparation du vieil homme & du changement admirable qui fe fera à la refurrection des corps, il faut en imi-

tant S. Paul, jetter les yeux fur ce qui fe paffe en la nature, & fur ce que Dieu nous a laiffé pour être l'image
de cette réfurrection, car les chofes préfentes font la
figure des futures : *remarquez donc, par exemple, ce
qui fe paffe dans un ver à foye, cet animal eft péfant, il
ne fait que ramper, il eft nud fans défenfe & mange
prefque inceffamment, avant de mourir il s'enfevelit
dans fon travail, meurt dans fon tombeau, & après
un certain tems il reffufcite en papillon, c'eft le meme animal numeriquement, mais il n'eft plus femblable à lui meme, il ne rampe plus, il vole dans les airs,
il n'eft plus nud, il eft vetu d'un duvet delicat, il ne
mange plus les feuilles des arbres, il fe nourrit d'une
liqueur célefte, qui eft la rofée, il ne lui refte plus rien
du ver à foye que fon ancienne peau, dont il s'eft féparé en devenant papillon :* on pourrait avec raifon dire
qu'il fe paffera quelque chofe de femblable dans la
réfurrection, l'homme reffufcité fera numériquement
le meme homme, mais fes qualités & fes inclinations
feront tout à fait différentes, au lieu que le ver à foye
laiffe fa vieille peau, l'homme laiffera les qualités corruptibles de fon corps, car le corps qu'il aura après la
réfurrection fera fpiritualifé. *Seminatur corpus anima-* 1.Cor.
le, furget corpus fpirituale. On met en terre un corps 15.44.
animal, & il reffufcitera fpirituel, dit S. Paul ; or comme c'eft en faveur du corps animal que l'homme fait
les fonctions de végétative & de fémitive, qui fait fi ces
qualités ne feront point féparées de l'ame pour être laif-
fées avec les qualités corruptibles du corps pour com-
pofer de tout cela ce que nous appellons le vieil homme, car après la reffurrection le corps de l homme
étant fpiritualifé& par confequent incapable de dimi-
nution ni d'accroiffement à quoi fervirait à l'ame cette
qualité de végétative ; & comme le papillon n'emporte
que les principalles qualités du ver à foye font la végé-
tation & la fenfation & laiffe en fa vieille peau les quali-

tés les plus méprisables, *peut être que l'ame de l'homme n'emportera aussi que ses principaux attributs d'etre épurée de toute matiere, & raisonnable; & d'un autre* côté comm ce sont les qualités corruptibles du corps & les qualités animalles de l'ame qui entrainent l'homme vers le bien sensible & dans tous le plaisirs des sens, ce qui fait peut-être que l'écriture appelle l'antechrist la bête, ne paraît-il pas raisonnable que ce qui a eté cause du péché, soit l'objet de la vengeance de Dieu & le propre sujet de la peine, c'est de cette maniere qu'on peut se former une espece d'idée de la séparation qui se fera de l'homme intérieur d'avec le vieil homme, en attendant que Dieu nous fasse connaître ce mystere dans l'autre vie. Mais une obscurité comme celle-ci ne doit pas nous faire renoncer à un systeme qui, à cette difficulté près, explique toutes choses facillement & d'une maniere plus claire & plus conforme à la bonté infinie de Dieu & plus consolant pour les hommes.

HUITIEME OBJECTION.

ENfin on pourra dire qu'en saint luc une personne demanda à J. C. s'il y aurait beaucoup de sauvés.

Luc.
13.23. *Domine: si pauci sunt, qui salvantur ?*

La réponse de Jesus-Christ fut celle ci.

Efforcez-vous d'entrer par la porte étroite car je vous avertis que plusieurs chercheront à y entrer, & ne le pourront.

℣. 24. *Contendite intrare per angustam portam : quia multi, dico vobis, quarent intrare & non poterunt.*

Mat.7. Il avait dit de même en S. Mathieu. *Intrate per an-*
13.14. *gustam portam : quia lata porta & spatiosa via est, qua ducit ad perditionem & multi sunt qui intrant per eam. Quam angusta porta & arcta via est, qua reducit ad vitam, & pauci sunt qui inveniunt eam.*

Entrez par la porte étroite parce que la porte de perdition est large & le chemin qui y mene est spacieux, il y en a beaucoup qui y paſſent : que la porte de la vie eſt étroite, & que le chemin qui y mene eſt ſerré, & qu'il y en a peu qui le trouvent !

Or ſi tous les hommes étaient ſauvés J. C. aurait-il pû dire que la voye du ciel était étroite, & que peu y paſſent, & ſi perſonne n'eſt damné, ſerait-il vrai de dire que la voie de perdition eſt large, & que pluſieurs y paſſent. Pourquoi une exclamation de J. C. ô que la porte de la vie eſt étroite, n'avait-il pas la plus belle occaſion du monde d'expliquer le dogme du ſalut de tous les hommes : cependant bien loin de le faire, il dit que beaucoup ſe perdent, & que peu paſſent par la porte qui conduit à la vie ; il faut donc, dira-t-on qu'il ait voulu nous faire comprendre par ſa réponſe que la majeure partie des hommes était damnée. Car poſons le cas qu'il ait voulu que nous tiraſſions cette conſéquence, il ne pouvait pas mieux s'expliquer pour nous la faire tirer.

ARTICLE TREZIEME.

Réponſe à la huitieme objection.

CElui qui aura fait reflexion à ce que nous avons dit ci-devant, qu'en liſant l'écriture ſainte, il faut être toujours attentif à bien diſtinguer ce qui convient à la grace de rédemption de ce qui doit être appliqué à la grace de ſurabondance, n'aura pas de peine à trouver la ſolution de cette objection.

La voie étroite eſt la vie reglée par la grace de ſurabondance, celui qui marche parfaitement dans cette voye ne montre que l'homme nouveau dans ſes œuvres par la pratique des vertus & l'exercice pénible de la pénitence. Celui là va droit à la gloire ou à la vie éternelle qui eſt la recompenſe du bon uſage de la grace de ſurabondance.

Mais celui qui ne montre dans ſes œuvres que les

actions du vieil homme eſt dans la voie de perdition 1°. parce qu'il perd le fruit de la grace de ſurabondance que J. C. lui a offert & qu'il a pu acquérir.

2°. Parce qu'il agit comme il aurait fait ſi J. C. ne l'eut point racheté, en ce cas là, la voie qu'il ſuit aurait été une véritable voie de perdition, & elle peut être encore appellée de ce nom, mais comme il a été racheté, il ne laiſſera pas que de recevoir à titre d'héritage le fruit qui répond à la grace de rédemption.

Il eſt à remarquer dans l'objection que ſi J. C. ne dit point que tous ſeront ſauvés, il ne dit pas außi qu'il y en aura des damnés, mais ſeulement qu'il y en a beacoup qui paſſent par la voie de perdition : or ce mot de perdition dans l'écriture ſainte a une grande étendue, & il s'applique indifféremment à toutes ſortes de pertes, *ut quid perditio hæc ?* diſent les apôtres, en S. Mathieu, à quoi bon cette perte. En S. Marc ils ſe ſervent du même terme, *ut quid perditio iſta unguenti?* à quoi ſert la perte de ce beaume? aux actes des apotres, S. Pierre dit à Simon le magicien, *pecunia tua tecum ſit in perditionem*, que votre argent ſe perde avec vous. Eſt il à croire que S. Pierre ſi plein de charité eut voulu que cet homme eut été damné & que cet argent eut été damné avec lui.

Jérémie dit parlant de Dieu par rapport à Jéruſalem, *non avertit manum ſuam à perditione.* Il a inceſſamment travaillé à ſa perte. Or peut-on dire que Dieu travaille à la damnation de Jéruſalem. Dans l'eccléſiaſtique, il dit que Simon fils d'Onias *curavit gentem ſuam & liberavit eam à perditione*, il eut ſoin de ſa nation & la délivra de ſa perte, cette perte apparemment n'était pas la damnation, il eſt donc certain que dans l'écriture ſainte ce mot de perdition ne ſignifie pas néceſſairement damnation, il faudrait pourtant que cela fut véritable pour que l'objection eut quelque force, & rien n'eſt ſi naturel que de dire que la voie de perdition est celle où on se prive du fruit de la grace de suarbondance.

Mais J. C. ne répondait-il pas selon l'intention de celui qui l'interrogeait, or celui qui l'interrogeait demandait s'il y avait beaucoup d'hommes sauvés, c'était donc à celle précisément que J. C. devait répondre & apparemment il y a répondu. ^{Luc. 13.23.}

Je réponds premierement par rétorsion. Quand les enfans de Zébédé firent demander à J. C. par leur mere d'être assis l'un à sa droite & l'autre à la gauche en son roiaume, était-ce répondre à la question & à l'intention de ceux qui lui parlaient que de dire *potestis bibere calicem, quem ego bibiturus sum?* pouvez-vous boire ^{Math. 20.22.} le calice que je boirai? c'est pourtant ainsi qu'il leur répondit, voulant leur faire connaître que c'était de ce calice qu'ils devraient lui demander part pour profiter de la grace de surabondance, & non pas de chercher les premieres places du roiaume du ciel sans penser à travailler avec cette grace pour le mériter. C'est ainsi que J. C. répond aux questions qu'on doit lui faire , & non pas précisement à celles qu'on lui fait. Ainsi cet homme qui dans l'objection demande par curiosité à J. C. *Domine, si pauci sunt qui salvantur?* ne reçoit ^{Luc. 13.23.} point de réponse précise à sa demande, mais le fils de Dieu lui fait une exhortation de travailler à s'acquérir de la gloire qui répond à la grace de surabondance *contendite*, sans se mettre en peine du fruit de rédemption qui ne pouvait lui manquer.

C'est comme s'il eut dit, ne vous ai-je pas déja averti que je suis venu pour sauver tous les hommes , que mon pere m'a tout donné, & qu'aucun de ceux qu'il m'adonnés ne se perdra : il ne s'agit donc que de faire valoir la grace de surabondance que je vous ai apportée pour mériter un surcroit de gloire, il faut se dépouiller de tout pour passer par cette porte étroite , car il faut renoncer aux richesses, aux plaisirs, à soi-

meme, marcher ſur mes pas, & porter la croix tous
les jours de la vie, pluſieurs auront envie de paſſer
par cette voie étroite, mais la cupidité, la ſenſualité,
la curioſité, la lacheté, en un mot, l'attachement au
vieil homme, les en empêchera, ainſi peu y paſſeront.
Nous ne voions que trop tous les jours l'accompliſ-
ſement de cette prophétie de J. C.

ARTICLE QUATORZIEME
*Queſtions qu'on peut faire à l'occaſion du preſent
traité, & ce qu'il y faut répondre*
PREMIERE. QUESTION.

CE traité n'eſt-il point contraire aux déciſions de
l'égliſe contenues dans le concile de trente au ſujet
de la juſtification.   *EPONSE*

NOn il n'y eſt point contraire, car tout ce qui eſt
décidé touchant la juſtification & l'augmentation
de la grace convient fort bien à la réception & au
progrés de la grace de ſurabondance & à la diſtinction
qu'on doit faire des œuvres de l'homme intérieur; &
au reſte ſi ce traité était contre les déciſions de l'égliſe,
il faudrait abſolument l'abandonner, & celui qui l'a
écrit ſerait prêt à le bruler, parce qu'il reconnait l'in-
faillibilité de l'égliſe de J. C. qui regarde la foi, & il
eſt juſte que ce ſoit l'égliſe qui, étant conduite par
le S. Eſprit eſt dépoſiraire des Sacremens & de la loi, régle les moiens de profiter de la grace de ſurabondance, & celui qui n'écoute pas ſes déciſions ſe met hors
d'état de profiter de cette grace, & c'eſt à lui à qui l'é-
gliſe & ſouvent l'écriture ſainte, donne le nom d'impie.

Car il faut bien remarquer que l'égliſe n'a pas beſoin de regler rien au ſujet de la rédemption, c'eſt un
don acquit, un don de Dieu pur, ſimple & abſolu,
il ne s'agit donc dans l'égliſe que d'établir les moiens
de profiter de la grace de ſurabondance, c'eſt ſans cet-

te grace qu'on ne peut être juste dans le sens de l'é-
glise, & c'est par cette grace qu'on le devient formellement.

Mais, direz-vous, il s'ensuivra de ce raisonnement
que la grace de surabondance ne saurait justifier personne, car qui justifiera-t-elle. Le vieil homme? il est
irréconciliable avec Dieu, justifiera-t-elle l'homme nouveau? il est déja justifié?

Nous répondons à cela que comme une chose sale
peut se salir tous les jours, & une chose blanche se blan-
chit, ainsi un pécheur peut se rendre plus coupable
& un S. se sanctifier d'avantage, ce sont des qualités
qui reçoivent le plus & le moins, ainsi c'est l'homme
intérieur qui est justifié par le premier dégré de justice qu'il acquiert en passant dans l'état de la grace de
surabondance, il était juste auparavant par la grace
de rédemption, mais il n'était ni juste ni pieux par
la grace de surabondance, & c'est ce qui fait qu'on
pouvait l'appeller injuste & impie, comme si on disait privé de cette justice & de cette piété que donne la grace de surabondance, & c'est ainsi dans 'ce
sens qu'il faut entendre les paroles de l'ange de l'apocalipse, *qui nocet, noceat adhuc; & qui justus est justi-* Apoc.
ficetur adhuc, & sanctus sanctificetur adhuc, que ce- 22. 11.
lui qui commet l'injustice, la commette encore, que
celui qui est souillé se souille encore, que celui qui
est juste se justifie encore, que celui qui est S. se sanc-
tifie encore.

Quand il dit que celui qui commet l'injustice la
commette encore, &c. c'est du vieil homme qu'il parle, mais quand il dit que celui qui est juste se justifie
encore, &c. c'est de l'homme intérieur & de l'homme
nouveau, car c'est comme s'il disait que celui qui est
deja juste par la grace de rédemption se justifie encore
par la grace de surabondance; & qu'il multiplie encore les dégrés de cette grace.

F

DEUXIEME QUESTION.

NE s'enſuvrait-il point de ce traité que juſqu'apré-
ſent l'égliſe a été dans l'erreur, car elle a crue qu'il
y avait des damnés & un enfer pour les hommes qui
vivent mal.   *REPONSE.*

LE S. Eſprit n'a point promis à l'égliſe que toutes
les propoſitions qu'elle deciderait être véritables,
le ſeraient dans tous les ſens qu'en pourrait leur donner
l'écriture ſainte, elle n'a pas cet avantage, il ſuffit donc
qu'une propoſition décidée ſoit véritable en un ſens, &
c'eſt à l'égard de ce ſens véritable que le S. Eſprit
a aſſiſté l'égliſe de ſes lumieres.

Or pour que l'égliſe ait eu raiſon de croire qu'il y
avait des damnés, il ſuffit que le vieil homme, l'homme de péché, l'homme animal, l'homme de chair &
de ſang ſoit damné, perdu & confondu à jamais; *non
reſurgent impii in judicio.* Ce vieil homme conſiſ-
te en ceque S. Jean appelle *concupiſentia carnis, concu-
piſcentia oculorum & ſuperbiavitæ.* La concupiſcence de
la chair, la concupiſcence des yeux & l'orgueil de la vie.

*pſalm.
1.5.*

*1.Jean
2.16.*

TROISIEME QUESTION.

NE ſerait-ce point donner dans l'erreur d'Origene,
qui diſait qu'un jour tous les hommes ſeraient
ſauvés juſqu'aux damnés mêmes.

REPONSE.

CE n'eſt point donner dans cette erreur, Origene
niait l'éternité des peines de l'enfer, il diſait que
ceux qui allaient en enfer, hommes ou démons en
ſortiraient un jour pour jouir de la béatitude éternelle, on ne dit rien de tel en ce traité: l'homme animal ſera perdu pour jamais à l'égard des démons,
J. C. a dit que le feu d'enfer était préparé pour le
diable & pour ſes anges, il faut s'en tenir là ſans vouloir pénétrer ce qu'il ne nous importe point de ſavoir
car qui peut deviner les voies que Dieu a priſes pour
ce qui regarde les anges, puiſque cellus qu'il a priſes

pour nous-mêmes nous paraissent si incompréhensibles que S. Paul, ce grand génie, est obligé de dire ô *altitudo divitiarum !* Remarquons seulement que S. Paul parlant de l'aiguillon de la chair, c'est-à-dire, du vieil homme, l'appelle ange de satan.

Selon S. Paul, cet ange de satan est ce vieil homme destiné à l'enfer, puisque le feu d'enfer est non seulement pour lui, mais aussi pour ses anges.

Ce système ne donne point non plus dans les erreurs de Molina ni des quietistes, car nous disons que les actions du vieil homme sont de véritables péchés chatiés à la vérité en J. pour ce qui regarde la peine éternelle que l'homme tout entier avait mérité en Adam, mais péchés qui nous attirent des chatimens temporels & nous privent véritablement & pour jamais, si nous n'en faisons pénitence, de la grace de surabondance & de la gloire qui y est attachée? or ce n'est pas là la doctrine de Molina & des autres molinistes.

QUATRIEME QUESTION.

MAis n'est ce point une pure imagination de dire que le vieil homme est l'antechrist, car ce vieil homme est aussi ancien que le péché d'Adam, l'antechrist, selon S. Jean ne doit regner que trois ans & demi, *data est ei potestas facere menses quadraginta duos*, & c'est pendant ce tems là que l'église doit être comme exilée & en captivité, *per tempus & tempora & dimidium temporis*, *à facie serpentis*, pendant un tems, des tems & la motié des tems hors de la présence du serpent, il semble donc qu'il y avait de l'impossibilité à croire que le vieil homme, l'homme de péché, le corps de mort, le cœur double soit l'antechrist.   *REONSE.*

LE mystere de l'antechrist est impénétrable, il a jusqu'à présent été l'écueil de tous ceux qui ont voulu le deviner ; la diversité des sentimens des anciens & des modernes est une preuve de ce que je dis.

M. Boſſuet, évêque de Meaux, dans ſon explication de l'apocalipſe, n'a pas cru faire contre la foi de dire que Dioclétien était l'antechriſt, il trouvait dans le nom de cet empereur le nombre de 666, qui eſt ſelon S. Jean le caractere de la bête, & il applique aſſez heureuſement à la vue & à la politique de Dioclétien tout ce qui eſt dit de l'antechriſt dans l'apocalypſe, & même les paroles de S. Paul aux Theſſaloniciens, *nam myſterium jam operatur iniquitatis,* deja ce myſtere d'iniquité s'établit.

Ainſi comme M. de Meaux n'a point fait contre la foy, nous n'y ferons pas non plus de donner au mot d'antechriſt une autre explication que la ſienne, & cela d'autant plus que celle que nous donnons convient parfaitement à l'antechriſt qui eſt un ennemi irréconciliable de Dieu, & de ſon Chriſt, car tel eſt le vieil homme, & s'il fallait pouſſer plus loin l'explication du myſtere, & parler comme les autres par conjecture en cherchant le nombre de la bête, on dirait que *cor duplex,* ou bien en françois, un cœur double eſt le véritable nom de la bête, & cela convient parfaitement au vieil homme à qui l'écriture n'annonce que du malheur *væ duplici cordi.*

Mais parce que les lettres numéralles de *cor duplex* ou d'un cœur double ne ſont que 665 comme on peut le voir par l'addition ci-deſſous.

Cor Duplex.		Un Cœur double.
C.	100	5
D.	500	100
V.	5	500
L.	50	5
X.	10	50
	665	665

Et qu'ainſi il manque un pour faire 666, on dirait que cela a été retranché de l'apocalypſe pour l'antechriſt, & que pour cela il a été prédit dans l'apoca-

Apoc. 13. 18.
11. Th. 2. 7.
Eccl. 14.

lypfe que Dieu lui ôtera fa part du livre de vie & de
la ville fainte, qui eft la même chofe que de dire qu'il fera damné. *Et fi quis diminuerit de verbis libri pro-
phetiæ hujus auferet Deus partem ejus de libro vitæ* Apoc.
22. 19
*& de civitate fanEta, & de his quæ fcripta funt in
libro ifto :* mais tout ce raifonnement n'eft qu'une con-
jonEture & un jeu d'efprit qui n'a aucune folidité & in-
dependemment duquel ce fyftême fubfifte en tout fon
entier, fortifié du témoignage de deux bons témoins :
l'écriture fainte & la raifon qui jufqu'à préfent a-
vaient parus comme morts fur les vues & à l'égard
de ce fujet, mais aujourd'hui par la miféricorde du
Seigneur, ils reçoivent de Dieu l'efprit de vie, & fe Apoc.
11. 11
tiennent fur leurs pieds *fpiritus vitæ à Deo intravit
in eos : & fteterunt fuper pedes fuos.*

Mais au refte, fi nous voulions donner une explication aux paroles myfterieufes de l'apocalypfe, qui
dit que la bête fera caufe que la femme myftique fe ca-
chera pendant un tems, des tems & la moitié d'un tems
lors de la préfence du ferpent, ce qui doit ordinairement fignifier 42 mois ou 3 ans & demi, il ne nous
ferait pas difficile de donner une explication qui con-
viendrait parfaitement au préfent fyftême, & pour cet
effet, remarquons que ces paroles, un tems, des tems
& la moitié d'un tems, nous indiquent quatre tems,
favoir trois tems entiers, & la moitié d'un autre tems;
prenons donc un certain laps de tems pour le divifer
en quatre parties égalles, & d'une de ces parties,
nous en retrancherons la moitié qui fera un huitieme
du total, l'antechrift doit regner ou paraître pendant
les trois parties entieres, & la moitié de la quatrieme, c'eft à-dire, pendant fept huitiemes.

Or le laps de tems que nous devons prendre, c'eft
la longueur ordinaire de la vie d'un homme, qui eft
70 ans, fuivant le 10ᵉ. ℣. du Pf. 89. Partageons 70 ans
en 4, il y aura pour chaque partie 17 ans & fix mois.

Or à préfent retranchons la moitié de 17 ans & 6 mois, ce fera 8 ans & 9 mois, ainfi l'antechrift ou le vieil homme doit regner ou fe montrer dans les actions de l'homme pendant tout le tems de la vie de l'homme, excepté 8 ans & 9 mois, c'eft pendant le tems de l'enfance, pendant lequel on peut dire qu'ordinairement on ne péche pas mortellement faute de délibération, mais pendant les 3 autres tems & la moitié de ce premier tems, le vieil homme, l'homme animal, le corps du péché, l'antechrift fe produit dans les actions de l'homme par le péché mortel.

C'eft ce qui fait que J. C. nous exhorte à devenir comme des enfans, c'eft-à-dire, à ne montrer pas plus en nos mœurs les actions du vieil homme, que fi nous étions des enfans, voilà de quelle maniere l'antechrift regnera un tems, des tems & la moitié d'un tems, c'eft à dire, environ 60 ans, pendant lefquels *cette femme miftique qui eft la créature interieure, l'homme nouveau eft caché & nourrie dans le defert elle s'étoit fait voir dans la candeur des mœurs de l'enfance : mais les dereglemens du vieil homme l'ont fait difparaître.*

Expliquons donc préfentement tout le ℣. 14. du 12e. chap. de l'apocalypfe fur le pied du préfent fyftême, il eft conçu en ces termes : *& data funt mulieri alæ duæ aquilæ magnæ, ut volaret in defertum in locum fuum, ubi alitur per tempus, per tempora, & dimidium temporis à facie ferpentis :* c'eft-à-dire les deux aîles du grand aigle furent donnés à la femme afin qu'elle volât au defert en fon lieu, où elle eft nourrie pendant un tems, des tems, & la moitié d'un tems.

Le grand aigle, c'eft J. C. qui a ravi fa proie des mains du démon.

Les deux aîles de cet aigle font la grace de rédemption & la grace de furabondance.

Cette femme myftique, c'eft l'homme nouveau,

l'homme intérieur, l'homme spirituel.
Le lieu de cette femme c'est le corps de l'homme mortel.

Le désert, c'est le bas monde, qui comparé au monde de l'ant.chrift est un véritable désert à caule du petit nombre de ses habitans.

Le serpent, c'est le vieil homme, l'homme animal, le corps du péché, la femme est dans le désert font les différentes portions de la vie humaine, chacune de ces portions est 17 ans & 6 mois, & la huitieme partie de ces quatre tems qui est retranchée, signifie l'enfance de l'homme. Voilà la gloire interlincaire qu'on doit appliquer au 4e. ℣. & ainsi en le paraphrasant on doit le traduire de cette forte.

La grace de rédemption & la grace de surabondance qui font les deux ailes avec lesquelles J. C. qui est le grand aigle, couvre tout le genre humain : ces deux ailes, dis-je, furent données à l'homme intérieur, qui est cette femme myftique, afin qu'elle s'en volât dans le corps de l'homme mortel pendant les 7 huitiemes parties de tous les tems qu'il est dans le désert de ce bas monde, pendant lesquels il lui est impoffible de se montrer en la personne du vieil homme qui est le serpent, car il faut bien remarquer que quoique l'homme nouveau & le vieil homme foient joints enfemble en cette vie, il est cependant impoffible qu'ils paraiffent tous deux à la foi dans le meme homme, ce font deux freres jumeaux dont l'un se cache quand l'autre se montre, ils font comme caftor & pollux. Et la raison de cela, c'est que l'homme nouveau par les bonnes actions, & le vieil homme par les mauvaises, & comme toutes les actions humaines font bonnes ou mauvaises, n'en ayant point d'indifférentes, il s'enfuit que comme une action ne peut être en même tems bonne ou mauvaise, on ne peut jamais en meme tems voir en un meme homme, l'homme nouveau & le vieil homme, & de cette forte l'hom-

me nouveau eſt toujours en cette vie hors de la préſen-
ce du ſerpent, c'eſt à dire, du vieil homme.

Que les curieux examinent ſi le ſerpent dont nous
parlons n'eſt point le même ſerpent dont parle Moy-
ſe au troiſieme chapitre de la géneſe.

Mais, direz-vous, quoique cette explication d'un
tems, des tems, & la moitié d'un tems paroiſſe aſſez naturelle, on ne peut pourtant la concevoir, parce qu'elle ne s'accorde pas avec le 5e. ℣. du 13. ch.
de la même apocalipſe, qui dit que la bête n'a pouvoir d'agir que pendant 42. mois, *data eſt ei poteſ-
tas facere menſes quadraginta duos*, car en ſuivant le
ſtile de l'écriture, on ne peut pas réduire 42 mois à
61 an & 3 mois, mais dans l'ancien ſyſteme l'un &
l'autre ℣. s'explique aiſément par 3 ans & demi.

Nous ne blamons point ici l'explication de l'ancien
ſiſteme ; l'apocalipſe eſt ſi myſtérieuſe qu'on y peut
donner une infinité de ſens, qui ſont peut-être tous
bons, quoiqu'ils nous paraiſſent fort oppoſés, mais
nous prétendons que l'explication que nous avons donnée au 14. ℣. paraît auſſi naturelle qu'aucune autre qu'on
lui ait donnée juſqu'à préſent, & nous ne voions pas
qu'il y ait aucune neceſſité qu'un tems, des tems & la
moitie d'un tems ſignifie la même choſe que les 42
mois du 5e ℣ du ch. 13. Au contraire nous croyóns
que ce ſont des choſes différentes comme on va le voir.

Chap.
12.

Et en effet il eſt certain qu'agir & regner ne ſont
pas la même choſe, un prince régne quand il dort,
mais en dormant il n'agit pas, un prince qui regne 61
ans & 3 mois, n'en ſaurait employer plus de 42 à agir,
car régulierement parlant, le tiers de notre vie ſe paſ-
ſe à dormir, ainſi les 61 ans & 3 mois, marquent la
longueur du regne du vieil homme & les 42 mois,
qui étant pris pour 42 ans, ſont les deux tiers & un
peu plus de longeur de ſon regne, marquent le tems
qu'il emploie à agir, ce qui paraît fort naturel eu égard

aux termes dont se sert l'apocalypse, *data est ei potestas facere menses quadraginta duos.* C'est ce qui fait
que le Pere Amelot l'a traduit par le mot d'agir; c'est-
à-dire, de faire la guerre à l'homme nouveau : il est
assez ordinaire dans un langage mystérieux de prendre un jour ou un mois pour un an, ainsi toutes choses quadrent parfaitement à notre nouveau systême.

CINQUIEME QUESTION.

MAis que deviendra le purgatoire & le trésor des
indulgences; car si les hommes sont glorifiés immédiatement après leur mort, il est inutile de prier
Dieu pour les morts, car, que pourrait on demander
pour eux, puisqu'il sont en possession d'une gloire infinie, & si J. C. a obtenu la rémission de toutes les peines, il est inutile de chercher.

REPONSE.

POur répondre bien clairement, il faut premierement remarquer que comme le péché originel est
égal à tous les hommes, la gloire qui répond à la grace de rédemption, est aussi égalle en tous les hommes.

2°. Que le péché originel se contracte dès le premier instant de la vie, sans que l'homme puisse y
mettre d'obstacles.

3°. Que la gloire qui répond à la grace de surabondance, a autant de différens dégrés qu'il y a de
dégrés différens dans le mérite de ceux qui la reçoivent, & par conséquent elle n'est pas infinie en elle-même, mais seulement par rapport à celui qui la reçoit
parce qu'il ne peut en recevoir d'avantage eu égard à
sa captivité présente.

4°. L'homme ne peut mettre des obstacles à la réception de la grace de surabondance, il peut mettre aussi des obstacles à la réception de la gloire qui répond
à cette grace, parce que c'est à l'égard du bon & du
mauvais usage de la grace de surabondance qu'il ex-
erce sa liberté comme nous l'avons dit ci-devant, &

nous avons encore dit que le mauvais ufage de cette grace , & le péché nous expofaient à des chatimens temporels , & même à être privé pour jamais du fruit de cette grace de furabondance.

Nous difons donc préfentement pour ce qui regarde la gloire qui répond à la grace de rédemption , nous nous en fommes mis en poffeffion dès le premier inftant qui fuit notre mort , comme le péché originel accompagne le premier inftant de notre vie.

Mais pour ce qui regarde la gloire qui répond à la grace de furabondance , il n'en eft pas de même , la peine temporelle que nous avons méritée par le péché eft un obftacle à la poffeffion de cette gloire. Nous avons droit , mais il faut lever l'obftacle pour rendre la chofe bien palpable ; fervons nous de la comparaifon de l'apôtre S. Paul , qui nous regarde comme des vafes de terre , dans lefquels nous portons un tréfor *in vafis fictilibus* , quand le vafe eft plein , on peut dire qu'il n'en peut tenir d'avantage , mais fi il refte vuide , on peut dire auffi qu'il en demande davantage , & que fes defirs ne font pas entierement remplis ; fi l'on expofe deux vafes à la pluie , que l'un ait couverture , & l'autre n'en ait point , ce dernier fe remplira , mais l'autre ne fe remplira pas , parce que la couverture eft un obftacle , qui empêche que l'eau n'entre dedans : il faut donc ôter cet obftacle , & comme le vafe eft propre à tenir l'eau , il fe remplira. Voilà la différence de deux hommes , qui ont vecus dans l'état de la grace , & dont l'un meurt fujet à une peine temporelle , & l'autre meurt fans y être fujet , celui qui eft fujet à cette peine , a tout comme l'autre l'efprit propre à recevoir la gloire qui répond à la grace de furabondance ; il la demande continuellement , & il la defire avec ardeur , mais il a mis une couverture à fon vafe , c'eft cette peine temporelle qu'il a méritée. Il faut ôter cet obftacle : or il peut être ôté , par celui qui l'a mis , ou par

2. Cor.
4. 7.

une main étrangere : celui qui l'a mis l'ôte par le laps
du tems qu'il doit être privé de la gloire qui l'attend,
par l'ardeur de ses regrets qui usent enfin & consom-
ment cette peine temporelle, une main étrangere l'ôte
par les prieres, les sacrifices, les aumones, les indulgences qu'elle obtient, en un mot, par toutes les
bonnes œuvres qu'elle fait à l'intention de celui qui
est mort, & qui lui sont appliquées en vertu de la
communion des S. & c'est en cela précisément que
consiste le soin & la foi de l'église sur le dogme du
purgatoire.

Mais ce n'est pas la foi de l'église, qu'il y a un véritable feu dans le purgatoire, & que ce feu ne dif-
fére de celui de l'enfer que par la durée, or si c'est un
véritable feu, comment se peut-il faire que des ames
souffrent ce feu, & soient cependant deja possesseures
de la gloire qui répond à la grace de rédemption ? Il
s'ensuivrait qu'elles seraient en même tems heureuses &
malheureuses : or cela ne se peut pas dire.

R E P O N S E.

L'Eglise qui a défini qu'il il a un purgatoire, comme
on le peut voir au premier décret de la session 25
du concile de Trente, n'a pas défini si c'est par le feu
que les ames souffrent dans le purgatoire : il semble
même qu'elle ait indirectement défini le contraire, si le
S. Esprit veut nous faire comprendre que la souffrance
des ames dans le purgatoire, n'est autre chose qu'une
suspension & un retranchement temporel d'une gloire
à laquelle elles ont droit ; mais que par leur faute
elles ont mérité cette suspension qui est un acte de
la justice de Dieu, sans donner atteinte à sa miséricorde : ce qui est conforme à notre présent systême.

Or pour être persuadé que ce sont là les sentimens
de l'église, il n'y a qu'à lire le canon 6e. du 9e. chap.
de la session 221. du meme concile de Trente, qui
prononce anatheme contre ceux qui soutiennent qu'il

y a des erreurs dans le canon de la meſſe, l'égliſe prie pour les morts en ces terme., *memento etiam, Domine famulorum famularumque tuarum, qui nos præceſſerunt cum ſigno fidei & dormiunt in ſomno pacis.* Souvenez vous auſſi Seigneur de vos ſerviteurs & ſerventes, qui ſont morts avec les marques de la foi, & qui dorment dans un ſommeil de paix.

Or une perſonne qui ſerait dans le feu, & un feu tel qu'on peint ordinairement celui de l'enfer ou celui du purgatoire, qu'on prétend être pareil, à la durée près, ne dormait aſſurément pas paiſiblement, n'eſt-ce pas dire indirectement que ceux qui ſont en purgatoire ne ſoient pas dans le feu, de dire qu'ils dorment d'un ſommeil de paix. Il faut conclure de là que le rafraichiſſement, la lumiere, la paix que l'égliſe demande pour eux, n'eſt que de les faire jouir de l'augmentation de la gloire à laquelle ils aſpirent, & qu'ils attendent la paix dans la gloire qu'ils poſſédent déja.

Mais, direz-vous encore, le meme concile de Trente dans la ſeſſion 6e. chap. 16e. canon 70. dit anatheme contre ceux qui diront qu'il n'y a pas de pénitens qui ont quelque choſe à ſouffrir dans le purgatoire avant d'entrer dans le roiaume des cieux, *antequam ad regna cœlorum aditus patere pſſit*; or ſi immédiatement après la mort, l'homme eſt mis en poſſeſſion de la gloire qui répond à la grace de redemption, ne le voila-t-il pas dans le roiaume des cieux ? que deviendra donc ce canon de l'égliſe.

REPONSE

NOus avons dit que toutes les déciſions de l'égliſe ne regardent abſolument que l'état de la grace de ſurabondance, ainſi elle parle de la gloire qui répond à cet état quand elle parle du roiaume des cieux & dans ce ſentiment de l'égliſe, entrer dans le roiaume des cieux, c'eſt être mis en poſſeſſion de la gloire qui répond à la gloire de ſurabondance, car encore une fois, l'égliſe n'a rien décidé sur la grace de rédemption qui est un droit acquis & inamissible, étant un don absolu de Dieu, de sorte que dire qu'il faut souffrir quelque chose en purgatoire avant d'entrer dans le roiaume des cieux, c'est-à dire, qu'il faut expier par une peine temporelle, ce qui est cause qu'on n'est pas admis d'abord après la mort à la possession de la gloire qu'on a acquise dans l'état de grace de surabondance, & tout cela est fort conforme à nos principes.

Au reste cette inquietude qu'ont les ames du purgatoire d'entrer en possession de la gloire de l'état de surabondance n'est point capable de les empêcher d'être heureuses par la gloire qui repond à la grace de rédemption, car ne voions-nous pas dans l'apocalipse, que les ames des justes dans le ciel étaient inpatientes de voir que le Seigneur ne les vengeait, & qu'elles lui disaient à haute voix, *usquequo, Domine, sanctus & verus, non vindicas sanguinem nostrum de iis qui habitant in terra ?* Pourquoi, Seigneur, ne nous vangez vous pas de ceux qui nous ont fait souffrir sur la terre, & l'impatience que les S. ont de ressentir ou de reprendre leurs corps ne les empeche pas d'être heureux. Ainsi quoiqu'on soit en possession de la gloire qui repond à la grace de redemption, on peut bien souffrir la privation d'une plus grande gloire à laquelle on a droit, sans que cette privation rende malheureux.

Et quant aux indulgences elles ne sont que la remission d'une peine temporelle. Or nous connaisson cette peine temporelle, ainsi tout est conforme à la foi de l'eglise, & nous le présentons de la sorte, car nous savons qu'en S. Marc il est dit que celui qui ne croi ra point sera condamné: *qui vero non crediderit condemnabitur*, mais qui est-ce qui sera condamné ? sera-ce l'homme nouveau qui sera condamné à la damnation & à la mort éternelle ! il faudrait qu'on le prouvât, car nous le nions, à moins qu'on n'entende par la mort

Chap. 16. 16.

éternelle qui répond à la grace de furabondance, & en ce cas là nous fommes d'accord car c'eft là notre fentiment.

SIXIEME QUESTION.

SI tous les pechés font pardonnés, & s'ils ne font pas capables de damner l'homme nouveau, comment peut-on entendre ce que dit J. C. en S. Matieu, celui qui parle contre le fils il lui fera pardonné, mais celui qui parle contre le S. Efprit il ne lui fera pardonné ni en ce monde ni en l'autre. *Quicumque dixerit* Chap. *verbum contra filium hominis remittetur ei, qui au-*
12. 32. *tem dixerit contra Spiritum Sanctum, non remittetur ei neque in hoc faculo neque in futuro,* & en S. Marc Chap. il dit auffi : *qui autem blafphemaverit in fpiritum S.*
3. 39. *non habebit remiffionem in aternum, fed reus erit aterni delicti,* que fi quelqu'un a blafphemé contre le S. Efprit, il n'y aura jamais de remiffion pour lui, mais il fera coupable d'un crime éternel. S. luc fait Luc. dire la même chofe à J. C. voila donc un péché irré-
12. 10. miffible à qui par confequent caufe une damnation éternellé.

REPONSE

C'eft une chofe furprenante de voir dans les auteurs la gêne que les Interpretes ont donnée à leur efprit pour tirer le véritable fens de ces paroles, *Tolet* fur le chapitre de S. Luc rapporte dix huit expofitions diffe-rentes, onze des Peres grecs & après toutes ces ex-pofitions, on eft auffi habile qu'auparavant, car le nœud de la difficulté demeure toujours, qui confifte en ce que tous les péchés feront pardonnés, & que cependant ce péché contre le S. *Efprit ne fera pas pardonné, car à quoi bon pardonner les autres ce lui la demeurant irrémiffible; cependant* J. C. en ce meme chapitre de S. Matieu dit c'eft pour quoi je vous dis que tout béché & tout blafpheme fera par-Math. donné aux hommes, *ideo dico vobis omne peccatum*
12. 31. *& blafphemia remittetur hominibus.*

Il eſt comme impoſſible dans l'ancien ſyſtême de ſauver cette antilogie, & de donner une bonne explication
aux paroles de J. C. & la multitude des ſentimens
différens fait voir que chaque auteur n'eſt pas content
de l'explication des autres. Mais dans notre préſente
hypotheſe, il eſt très-aiſé d'expliquer ces paroles qu'on
trouve ailleurs inexplicables, car il n'y a qu'à dire que
ce péché contre le S. eſprit eſt la rejection de l'état
de la grace de ſurabondance, il n'y a que ce ſeul péché qui eſt irrémiſſible en l'autre ſiecle, parce que celui qui n'a point eu cette grace en cette vie, ſera éternellement privé de la gloire qui répond à cet état de
grace de ſurabondance, & cependant tous ſes péchés
lui ſeront pardonnés, afin qu'il jouiſſe de la gloire
qui répond à la grace de rédemption.

Or rejetter cette grace, c'eſt en quelque maniere
blaſphemer le S. Eſprit, car c'eſt lui dire qu'il ne mérite pas d'être reçu, & ne vouloir pas le reconnaître
pour ce qu'il eſt, car il eſt lui-même cette grace qui
ſe répand en nos cœurs comme le dit S. Paul, *charitas* Rom.
Dei diffuſa eſt in cordibus noſtris per ſpiritum ſanctum 5. 5.
qui datus eſt nobis.

L'amour de Dieu a été répandu en nos cœurs
par le S. Eſprit qui nous a été donné.

Le pere éternel a donné ſon fils aux hommes, le fils
leur offre ſon S. Eſprit pour les ſurſanctifier, & les mettre
dans l'état de grace de ſurabondance pour mériter une
augmentation de gloire. Ceux qui ne veulent point
reconnaître J. C. pour le meſſie, rejettent ce S. Eſprit,
ils ne veulent point de la ſanctification qu'il leur
offre, c'eſt pourquoi ils en ſeront privés pour jamais ;
& pour bien connaître combien cette réponſe eſt naturelle il n'y a qu'à lire les ch. d'où ſont tirés les paſſages de l'objection, & on verra que J. C. parlait là à
des juifs qui ne voulaient pas le reconnaître pour ce
qu'il était, & qui diſaient que c'était au nom de Bel-

zébud qu'il faisait ses miracles , c'est donc comme
si J. C. leur avait dit, tous les péchés que vous avés
faits ou que vous ferez ne vous priveront point du
Royaume des cieux parce qu'ils vous feront pardonnés
par la grace de rédemption que je vous apporte, *omne*
peccatum & blasphemia remittetur hominibus, mais
pour la rejection que vous faites du S. Esprit , qui est
la grace de surabondance que je vous présente, c'est
une faute dont vous sentirés éternellement les effets, car
en ce monde ni en l'autre , rien ne suppléera à cette grace en vous, vous serez éternellement privé de la gloire
que vous auriez pu mériter par cette grace si vous
aviez voulu la recevoir.

Math. 12.31

Voilà ce que c'est que ce blaspheme irrémissible que les
Juifs commettent encore aujourd'hui contre le S. Esprit
en le rejettant, en lui résistant , & en s'éloignant de lui.

Mais comment doit-on en ce présent système entendre
ces paroles de S. Paul , *qui nunc gaudeo in passionibus*
pro vobis, & adimpleo pro corpore ejus , quod est ecclesia.

Colos. 1.24

Le P. Amelot les traduit de cette maniere , moi Paul
qui me rejouis maintenant des maux que j'endure pour
vous , & qui accomplis en ma chair ce qui manque
aux souffrances de J. C. pour son corps qui est l'église.

N'est-ce pas dire que nous devons-nous-mêmes par
nos œuvres appliquer les souffrances de Jesus-Christ.

R E P O N S E.

JE réponds que ces paroles sont mal traduites par le P.
Amelot, car il donne à entendre que la passion de J.
C. est insuffisante, & n'est pas d'un mérite infini, puisqu'il lui manque quelque chose, & que S. Paul suppléait
au défaut, or, c'est, dit M. Godeau en ses paraphrases de
J. C. qui souffrit avant mourir tout ce qu'il devait souffrir ; c'est pourquoi il dit, *consommatum est*, tout est a-
chevé, *perfectum est*, dit S. Aug. ce n'est donc pas aux
souffrances de J. C. qu'il manque quelque chose c'est en
la hair de S. Paul que quelque chose manquait ; aussi cet

Joann. 19.30.

apôtre ne dit pas *quæ desunt passionibus Christi*, comme il aurait dû le dire, s'il eut voulu faire entendre que quelque chose manquait aux souffrances de J. C. car le verbe *desunt* régit constamment le datif, dire que chez les hebreux il n'y a pas de datif, & que c'est un hébraisme, c'est se servir d'une mauvaise raison & qui serait d'une dangereuse conséquence, car il n'y a pas non plus de génitif, & l'interprête a bien dû connaitre l'article ou la proposition qui différencie les cas, au reste cette épitre n'a pas été écrite en hébreu par S. Paul. Voici la construction qu'il faut faire de ces paroles de S. Paul. *ea passionum Christi quæ in carne mea desunt adimpleo pro corpore ejus, quod est ecclesia*, & cela est presentement facile à entendre, car en paraphrasant, c'est comme si S. Paul disait aux Collossiens : mes freres je vous écris de rome chargé de chaines, mais ces souffrances bien loin de m'affliger, me font plaisir par rapport à vous, lorsque je pense que l'exemple que je vous donne vous sera utile, car vous apprenez par là que nous devons plutot tout souffrir que d'abandonner J. C. qui ne s'est pas contenté de souffrir pour nous en son ame, mais qui a encore souffert en son corps. Ces souffrances de son corps n'avaient pas encore été assez exprimées & gravées en ma chair, cette marque de mon apostolat me manquait encore, mais à présent je remplis entierement mon devoir en montrant à tout le corps de l'église de J.C. par mon exemple de quelle maniere chacun des fideles doit souffrir dans son corps pour recevoir une plus grande part de fruit de la grace de surabondance afin qu'il ne manque rien à sa gloire.

Cette explication est bien plus naturelle que la gene qu'on donne aux paroles de S. Paul, pour lui faire dire qu'il manque quelque chose aux souffrances de J.C. comme si quelque chose pouvait manquer à des souffrances abondantes & infinies, au reste cette explication que je viens de donner n'est pas une piece de nouvelle invention pour favoriser le présent systeme, car elle est de Dénis le Chartreux sur ces paroles de S. Paul. Ces paroles de S. Paul

G

ne prouvent donc point que l'effet de la grace de rédemp-
tion dépend de notre application, mais elle|prouve bien
que nous avons intérêt à l'exemple de l'apôtre, d'expri-
mer en nous les souffrances de J. C. pour avoir le fruit
de la grace de surabondance, notez que même par nos plai-
firs honnêtes, nous participons au fruit de cette grace,
dans le sens de l'objection, il faudrait dire que nos plaisirs
manquaient aux souffrances de J. C. ce qui serait ridicule.

SETIEME QUESTION.

MAis comment se peut-il faire qu'une opinion qui est
si importante à tous les hommes qu'est celle qu'on
établit en ce traité aitété si longtems ignorée des hommes
que tant de gens d'esprit qu'il y a eu dans le monde n'aient
pas fait réflexion aux paroles de S. Paul dans le 5e. chapitre de l'épitre aux Romains qu'on prétend être une preuve si claire de ce système.   *REPONSE.*

QU'on me dise comment il se peut faire que Moyse si
versé dans les choses de Dieu, si affectionné au peuple Juif dont il était le conducteur & le législateur, n'ait
jamais dit un mot à ce peuple de l'immortalité de l'ame,
surquoi il lui était important d'être instruit. Ce sont des
secrets de la providence de Dieu qui fait éclore les opinions, & découvre les vérités quand il le juge à propos,
& se sert presque toujours des plus vils instrumens pour
faire remarquer les plus grandes choses. C'est ce que dit
l'église. *Deus qui dispositione mirabili infirma mundi eli-
gis ut fortia quæque confundas.* Dieu en use de la sorte,
afin que personne n'ait la témérité de s'attribuer la gloire &
que tout le monde la donne à son S. nom, ô Seigneur,
disait autrefois le prophte, vous êtes un Dieu véritablement caché, *vérè tu es Deus absconditus.*

C'est que Dieu qui est la vérité même se cache au
vieil homme, & ne se laisse voir qu'à ceux qui l'aiment
& qui le cherchent, & dans le tems qui leur est le plus con-
venable. Mais d'où vient donc que l'église sollicite tous les
chrétiens à demander pardon à Dieu de leurs péches,
averte faciem tuam à peccatis meis, Seigneur, ne faites

point d'attention à mes péchés , & pourquoi répéter si souvent les pseaumes pénitenciaux & les litanies, car si nos péchés ont été punis & pardonnés en J. C. tout cela est inutile, il n'est plus nécessaire d'en demander pardon.

REPONSE.

CE mot péché ne signifie pas toujours ce qu'on entend par la coulpe du péché , il signifie la peine due au péché; dans l'ancienne loi il était ordonné de faire des sacrifices pour l'expiation des péchés, 'a damnation de la victime était la peine du pécheur, & cette peine, c'est-à-dire, cette victime s'appellait péché & iniquité, comme on le voit dans le prophete Ozée, où Dieu se plaint que les prêtres de la loi mangent les péchés de son peuple & qu'ils se réjouissent du grand nombre de ses iniquités , c'est-à dire du grand nombre des victimes. *Peccata populi mei comedent, & ad iniquitatem eorum sublevabunt animas eorum.* Ces prêtres ne mangeaint pas la coulpe du péché , mais la peine du péché : or nous avons dit, que quoique nos péchés ne fussent pas capables de faire que l'homme nouveau soit damné, cependant ils l'exposent à une peine temporelle, si vous voulez , à une espece de coulpe qui est l'exclusion de l'état de grace de surabondance, duquel état nous sortons par le péché que nous appellons mortel ; or par nos prieres , nos mortifications & nos jeunes, demandons à Dieu d'être déchargés de cette peine temporelle & remis dans l'état de grace de surabondance, afin de recevoir le fruit des bonnes œuvres que nous avonsfaites,&qui nous ont été mortifiéespar le péché ou des bonnes œvres que nous ferons à l'avenir, & parce que personne ne peut être assuré d'avoir la grace de surabondance, l'église nous solicite à la demander incessament

Mais, direz-vous, si la bonté de Dieu est infinie ne doit elle pas donner à tous les hommes non seulement le fruit de la grace de rédemption, mais encore celui de la grace de surabondance, car une bonté qui donnerait l'une & l'autre nous paraîtrait plus grande que celle qui n'en donnerait qu'une ; car c'est le principe dont on s'est servi dans l'art. 5.

Quoique nous aions ailleurs suffisamment répondu à cette question, disons encore ici qu'il faut remarquer que ce n'est qu'improprement que nous appellons infinie la gloire que Dieu donne à l'homme dans le ciel, car elle n'est appellée infinie que parce qu'elle ne peut être plus grande par rapport au sujet qui la reçoit. Si Dieu n'élevait pas l'homme au dessus de l'homme même par la lumiere de gloire, on serait incapable de gouter la gloire du ciel. L'homme ainsi élevé reçoit de gloire autant qu'il est capable d'en recevoir eu égard à l'élévation où il se trouve, il en est rempli: un vase plein ne peut recevoir que ce qu'il peut contenir, tout ce qu'il y vient de plus surabonde & ne rempli pas, mais cela n'empêche pas que si le vase était agrandi il ne pût en contenir davantage : or comme Dieu n'eleve jamais tant l'esprit de l'homme ou des anges qu'il ne pût encore absolument les élever davantage, il suffit qu'ils n'ont jamais une gloire qui soit en elle-même infinie car il faudrait pour cela que Dieu eut épuisé sa puissance à leur égard, & c'est ce qu'il ne peut faire que pour lui-meme.

Il ne faut donc point que Dieu donne une gloire infinie pour nous donner une idée de l'infinité de sa bonté : mais il faut que la gloire qu'il donne s'étende sur tous les hommes qui peuvent devenir capables de la recevoir, & que chacun en reçoit autant qu'il est capable d'en contenir eu égard au point de l'élévation où il se trouve, & cela rend parfaitement content, parce que cette plénitude est la borne de tous ses droits, & il n'en peut désirer d'avantage faute de capacité pour la recevoir, de sorte que celui qui n'a que la grace de rédemption, & qui n'a reçu que l'élévation qui répond à cette grace, ne peut recevoir davantage de grace que celle qu'il a , au lieu que celui qui agrandi son vase par la grace de surabondance ne serait pas content de la seule gloire qui répond à la grace de rédemption, parce qu'il a de quoi en recevoir davantage, & il faut qu'il en reçoive plus pour être content.

Remarquez qu'il n'y a que le vieil homme, ce corps de

péché qui ne pouvant avoir aucune part à cette grace, est incapable de recevoir aucune grace.

HUITIEME QUESTION.

Quels avantages peut-on trouver à laisser l'ancienne route qui assure qu'un très grand nombre d'hommes seront damnés, & un fort petit nombre seront sauvés ? on s'en est bien trouvé jusqu'à présent, pourquoi ne le pas suivre jusqu'à la fin du monde ? n'est ce pas une maxime en matiere de religon, qu'il ne faut rien innover ? & si ce systême est véritable, voilà une triste innovation, voilà bien des livres qu'il faut remettre à la fonte, & bien des sermons à réformer.

REPONSE.

Les avantages qu'on tirera de cette hipothese sont en très-grand nombre, mais avant que de les exposer disons qu'il s'en faut beaucoup qu'on se soit bien trouvé de la vieille route, au contraire on s'en trouve très-mal, car le viel homme a t'il jamais été plus vif qu'il est à présent ; on ne voitque des crimes, c'est à présent qu'onpeut mieux dire que jamais, que presque toutes les vertus des hommes ne sont que des vices deguisés ; le peuple le magistrat, la noblesse, le clergé régulier & séculier, *omnes quæ sua sunt quærunt, non quæ sunt J. C.* Tous cherchent leurs intérêts & non pas celui de J. C. otez-en quelques ames d'élites, l'intérêt propre est le premier mobile qui donne le branle à tout, la crainte du feu de l'enfer n'a pu produire ce qui ne doit être que l'effet de l'amour de Dieu: Il a fallu dans cette vieillehipothese pour sauver un petit nombre d'élus damner tout le reste des hommes, & comme chaque secte de chrétiens en fait autant à l'égard de toutes celles qui lui sont opposées, il se trouve qu'il faut reduire le paradis à une fort petite étendue & rendre l'enfer immense, ce qui est visiblement contre la disposition que Dieu a donné à l'univers, & c'est une preuve que les vues de Dieu ne sont pas telles que celles de la vieille hipothese, mais exposons dans l'article suivant les avantages de cette hipothese nouvelle.

Avantages que les hommes tirent de la presente hypothese

CE sisteme sans rien deranger dans les pratiques essen-
tielles de la religion nous force en quelque maniere à
avoir pour Dieu un amour tendre & reconnoissant de nous
avoir assuré le ciel par la grace de rédemption sans avoir
égard à nos mérites ni à la corruption où nous nous trouvons engagés par le péché d'Adam. Il nous fait admirer
la sagesse de Dieu d'avoir trouvé un moien si sur de sauver tous les hommes en les laissant tomber en Adam pour
les relever tous en J. C. en qui ils sont sanctifiés sans distinction de peuple ou de nation, aulieu que dans l'ancien
sisteme on ne saurait faire voir que Dieu ait suffisamment
pourvû au salut d'un nombre infini d'enfans qui dans tout
l'univers meurent sans baptême avant l'age de raison , &
ainsi sont damnés sans leur faute, notez que ce nombre là
est aussi grand que le reste du monde.

Ce sisteme établit une véritable charité entre les hommes de quelque état & de quelque religion qu'ils soient ,
les obligeant à se regarder les uns les autres comme des personnes avec qui ils doivent vivre une éternité, ainsi quelque pécheur & corrompu que paroisse un homme, je
distingue le vieil homme d'avec le nouveau , je hais le 1.
& j'aime le second & le plains de le voir assujeti au vieil
homme, mais je demeure persuadé qu'un jour il en sera
degagé, ainsi en quelque croyance que soit mort un homme, je ne le regarde pas comme un tison d'enfer , je ne
vois rien de damné en lui que le vieil homme , & je
crois que l'homme intérieur est sauvé.

Je reconnais en cela l'immutabilité de Dieu dans le dessein sincere qu'il a eu de sauver tous les hommes , & il ne
s'irrite jamais contre ses enfans , il est toujours irrité contre le vieil homme.

Ce sisteme banni la crainte de la mort par l'assurance où
il nous met de voir notre Dieu & notre libérateur, il nous
delivre de la crainte servile des peines éternelles, & ne nous
laisse pour Dieu qu'une crainte filiale remplie d'amour &

d'actions de graces. La liberté est un des plus grands préfens que Dieu ait fait au genre humain , cependant par l'ancien sifteme il se trouve que le genre humain ne pouvait rien recevoir de si précieux puisque cette liberté est caufe que de 30 perfonnes il y en a 29 de damnées.

Mais le préfent sifteme nous montre combien cette liberté est précieufe, elle nous fait voir qu'elle est un prefent digne de Dieu, qui ne peut tourner que pour notre bien en nous mettant en état de profiter si nous voulions de l'état de la grace de furabondance pour augmenter en ce ciel notre gloire fans qu'il foit en notre pouvoir de nous fervir de cette liberté pour nous priver du ciel qui est le fruit de notre rédemption , elle ne peut donc nous fervir que pour acquérir de la gloire qui est le prix de la grace de furabondance ou pour la perdre, mais non pas pour perdre celle qui est le fruit de la grace de rédemption.

Par ce sifteme l'homme intérieur peut voir continuellement fur la terre une véritable image du paradis : il doit pour cela par une opération de fon efprit retrancher de ce monde le vieil homme, l'homme antechrift , & il ne reftera plus qu'un nombre infini d'hommes dont chacun fera content de fa condition fans envier celle de fon prochain.

Le grand nombre du petit peuple réprésentera comme les 9 lepreux guéris par J.C. ceux qui n'ont reçu le ciel que par la grace de rédemption , les différentes conditions des hommes font l'image des différens dégrés de ceux qui ont ajouté à la grace de rédemption le fruit de la grace de furabondance. Les Princes lui repréfenteront ces ames d'élites, qui par la fainteté de leur vie, l'auftérité de leurs vertus ont vaincu le déréglement du vieil homme & fe font mis au-deffus de tous les attraits de la concupifcence, voilà par ce fyftême l'image du ciel que nous ne voions préfentement que dans une énigme dont le vieil homme fait le nœud, & caufe l'obfcurité.

Ce fyftême en nous délivrant des fraieurs épouvantables que nous caufe dans la vieille hypothefe l'incertitude de notre falut, nous remplit de confolation & de joie , & fait que nous pouvons dire avec S. Paul, *je suis sûr que ni la mort, ni la vie, ni les anges, ni les principautés, ni les vertus, ni les choses présentes, ni celles qui sont à venir, ni la force, ni la hauteur, ni la profondeur, ni aucune autre creature ne nous pourra jamais separer de la charité de Dieu laquelle est en J. C. notre Seigneur.*

Rom.
8. 3, .
56.

Il ne nous reste donc plus aucune crainte que celle de ne faire pas un bon usage de la grace de surabondance que nous avons reçue, c'est à cette crainte que S. Paul nous excite, lorsqu'il nous dit de faire notre salut avec crainte & tremblement, & il craignait lui-même d'y manquer, lorsqu'il disait qu'il craignait après avoir prêché aux autres d'être lui-même reprouvé. Remarquez encore que par le moyen de ce traité, il est aisé de concilier les opinions qui dans les scolastiques paroissent fort opposées & causent de grandes disputes. Car on voit par ce traité qu'elles ne sont fondées que sur des équivoques, par exemple, dans la matiere de la prédestination à la gloire, celui qui dit qu'elle se fait avant la prévision des mérites du prédestiné, a raison s'il entend parler de la gloire qui répond à la grace de rédemption, & celui qui dit que la prédestination à la gloire ne se fait qu'après la prévision du mérite du prédestiné, a aussi raison s'il entend parler de la gloire qui répond à la grace de surabondance, ainsi ils se trouvent tous deux d'accord & hors de dispute, de même celui qui dit que les bonnes œuvres sont nécessaires au salut a raison, si par le salut il entend la gloire qui *répond à la grace de surabondance*, c'est sur ce pied là qu'on doit entendre la definition de l'églife sur cette matiere, mais cela n'empêche pas que celui qui dit que les bonnes œuvres ne sont pas necessaires à salut n'ait aussi raison, s'il entend par le salut la gloire qui répond à la grace de rédemption qui est un don de Dieu pur & absolu en vue des satisfactions de J. C. qui sont en quelque maniere les bonnes œuvres de tous les hommes.

Enfin cette hypothese donne une merveilleuse facilité pour expliquer aisément une infinité d'endroits de l'écriture sainte qui doit être notre consolation en attendant que Dieu nous sépare de l'homme pour nous mettre en son roiaume ou sans excepter aucun homme il sera comme dit S. Paul, tout en tous, *ut sit Deus omnia in omnibus*, à lui qui est assis sur le trône, & à l'agneau soit bénédiction, honneur, gloire & puissance aux siecles des siecles. Ainsi soit-il. [1.Cor. 15.28. Apoc. 5. 10.]

Une femme cherchant une dragme égarée renversa sa maison avant l'avoir trouvée, dans la confusion de ce dérangement, elle apperçue sa dragme, & s'écrie à l'instant, quel bonheur, je croiais cette dragme perdue, le Seigneur soit béni, elle s'offre à ma vue, venez tous mes amis, j'ai trouvé mon trésor, pour me feliciter faites un nouvel effort. [Luc. 15.8.9.]

C'est ainsi qu'aujourd'hui la nature affligée trouve dans ce traité une dragme; le ciel ouvert à tous, c'est une vérité qu'en les siecles passés on avait ecartée, nous la trouvons ici, que l'homme avec les anges en chantent à l'eternel d'immortelles louanges.

Preuve de l'immortalité qui a rapport à la réponse faite par rétorsion à la premiere objection de cet ouvrage.

Dieu n'est sujet à aucun changement, car si nous supposions qu'il ne fut pas aujourd'hui dans tous les mêmes sentimens qu'il était hier, il faudrait qu'il en acquit quelque chose qu'il n'avait pas, & qu'il eut perdu quelque chose qu'il avait hier.

Or je demande, ce qu'il a acquis & ce qu'il a perdu, était-ce des modes identifiées avec la substance, ou des êtres distingués de la substance ? Si ce sont des êtres distingués, Dieu n'est donc point un être simple, puisqu'il est composé d'un être éternel & d'un être périssable, car ce qu'il a perdu en changeant était un être périssable.

Car on ne peut pas dire que Dieu ne soit pas un être simple, ni par conséquent qu'il ait acquis ni perdu rien qui soit distingué de lui-même.

Mais, d'un autre côté, si on disait que ce qu'il a acquis est une mode identifiée avec sa substance, il s'en-suivrait qu'une chose qui a été de toute eternité cesserait d'être; car toutes les modalités ont cela de particulier qu'elles ne peuvent etre produites que par la distinction d'une autre modalité, comme une figure en détruit né-cessairement une autre dans la matiere d'où elle est for-mee: ainsi si Dieu recevait une nouvelle modalité, cette modalité détruirait celle qui la précéde : or cela ne peut pas se dire, & au reste, qui est-ce qui produirait cette nouvelle modalité, peut-elle se produire sans une nou-velle production de l'essence divine avec qui elle est identifiée, & Dieu peut-il produire sa propre essence qui existe nécessairement, & qui ne peut cesser d'exister? car il n'a pas dépendu de Dieu d'exister, & il ne dépend pas de lui de cesser d'etre, ni par conséquent de se donner une nouvelle modification : car il n'est pas de lui comme dans les modifications d'une créature qu'une création continuelle reproduit à tous momens.

Dieu ne peut donc point acquérir ni un nouvel accident, ni une nouvelle modalité, & c'est ce qui fait qu'il est im-muable, c'est ainsi qu'on le prouve en bonne théologie, S. Thomas ajoute que si Dieu n'était pas immuable dans ses volontés & dans ses connoissances, on ne pourrait dire qu'il voit tous & qu'il peut tout par un seul & même acte: ainsi on doit dire que Dieu n'a point de volonté, mais qu'il est lui-même sa volonté, il se change lui-même, mais pour changer sa volonté, il faudrait qu'il changeât sa connais-sance, mais elle est nécesiaire & invariable, c'est ce qui fait que S. Augustin au 13. livre de ses confessions chapitre 16 dit, *nam sicut ommino tu es, tu scit solus & vult in-commutabiliter, & essentia tua scit & vult incommu-tabiliter*, c'est à-dire, vous mon Dieu, qui seul n'avés rien en vous qui puisse passer & cesser d'être, vous êtes aussi le seul qui avés la véritable & entiere connoissance de tout ce que vous êtes immuablement, & que vous connossés

immuablement, votre effence connait & veut immuablement votre connoiffance eft & veut immuablement votre
volonté eft & connait immuablement.

Selon ces paroles de S. Auguftin il parait qu'il eft auffi
impoffible que Dieu change de volonté que de con-
naiffance. Or il a toujours connu ce qu'il connaît aujourd'hui ; il a donc auffi toujours voulu ce qu'il veut
aujourd'hui & le voudra toujours.

Tirez de tout cela des conféquences , & jugez de
l'embarras où la rétorfion jette un homme de bonne
foi qui veut fe laiffer conduire par la raifon toute pure
fans la régler par la foi. L'ancien fyfteme eft pourtant
obligé de repondre à cette difficulté , qu'il y réponde
donc, & je me foumettrai à fa réponfe.

RÉPONSE.
Par explication.

Mais en attendant , je dis que l'objection n'a aucune force contre le préfent fyfteme, car pour qu'elle
eut quelque force , il faudrait que ce fyfteme affurât que
les hommes auront infailliblement, non feulement le
fruit de la grace de rédemption ; mais encore celui de
la grace de furabondance, car c'eft pour avoir le fruit
de cette derniere grace qu'il faut fe gener par les obfervations que la loi nous prefcrit , le péché nous fait perdre le fruit de cette grace de furabondance, ainfi nous
avons raifon de craindre de pécher, car outre cela, nous
nous affujettiffons encore à des peines temporelles.

Il faut remarquer que ceci n'eft pas une opinion fimple, mais un nouveau fyfteme, ainfi il faut que chacun
confulte fa raifon, plûtôt que les preventions dont il
s'eft rempli dans les écoles : c'eft l'unique moyen de bien
juger de cet ouvrage qui ne doit être examiné que fur les
principes de la foi & de la raifon.

SOMMAIRE

DES ARTICLES.